正長元年八月廿七日山門西塔院閑衆々議曰

可早相觸北野公文所事

右[illegible]之安全者専依日吉々神光四海々静寧者併

[illegible]擁持矣然間帝都乱法度時加制誡者先規

於[illegible]美為末社[illegible]殯諸門跡違乱所事續息之奎極

下知上之遠不移時日可破之是一就中北野社公文所職

為曼殊院御門跡代々御管領之處押領之條過分之

至誠猶有餘早任先規可返申彼御門跡室是二次近年

監修者——五味文彦／佐藤信／高埜利彦／宮地正人／吉田伸之

［カバー表写真］
借上の女
(『病草紙』)

［カバー裏写真］
借上から金を借りる女房
(『山王霊験記』)

［扉写真］
山門による禅能の弾劾状
(『社家条々抜書』正長元年 8 月27日
山門西塔院閉籠衆衆議事書〈写〉)

日本史リブレット 27

破産者たちの中世

Sakurai Eiji
桜井英治

目次

したたかな債務者たち

いつの時代にもあることだが、中世にも巨額の借金をかかえていた人びとがいた。自己破産のような法的逃げ道のなかった当時、彼らにはどのような運命が待ちうけていたのだろうか。

もっとも本書は、彼らの放蕩《ほうとう》な生活ぶりとか惨めな末路とかを描こうというのではない。だから、そのような期待をもって本書を手にとられた読者には、おそらく期待はずれになろう。また対象とする時代も、「中世」とは謳いながら、直接には十五世紀京都でおきた一裁判を取り上げるにすぎない。この点でも読者の期待を裏切ることになるかもしれない。

では、本書の関心はどこにあるのか。それは破産者を取り巻いていた中世の金融システム、とりわけ破産者の債務処理が誰によってどのようにおこなわれていたかという問題である。

もう少し詳しく説明しよう。中世も後期に入った室町時代になると、貴族たちは困窮の度を深めていった。彼らの所領《しょりょう》の多くは守護《しゅご》やその被官《ひかん》▲たちによって押領《おうりょう》され、次々と彼らの手を離れていったからである。もっともこれは貴族にかぎった話ではない。僧侶や神官、それに武士といえども弱小な将軍家直臣《しょうぐんけじきしん》のなかには同様の困窮に喘いでいた者が少なくなかった。守護勢力に連なる者は肥え、そうでない者はやせ細ってゆく。同じ武士でありながら、しだいに二極分化が鮮明になってゆくのがこの時代であった。

彼らのなかには生活苦から自殺をはかる者もいたにはいたけれども、ただ、印象としては、そこまで追いつめられてしまう者の数は意外に少ないようにもみえる。彼らはしょっちゅう困窮を口にし、実際にも方々から借金を重ねながら、案外したたかに生きていたということである。その背後に、破滅を回避する何らかの社会的システムの存在を仮定してみることは、かならずしも突飛な発想ではないだろう。

▼**被官**　主人に仕える者の総称。大身《たいしん》の家臣《かしん》から奴隷《どれい》にいたるまで、さまざまな人びとを含むが、ここでは守護の家臣層をさしている。守護の家臣は、内者《うちのもの》・内衆《うちしゅう》ともよばれた。

この問題に関連して注目されるのが、近年の井原今朝男の研究である。井原によれば、中世の質物は返済期日をすぎても債務者の同意がないかぎりは流すことができなかったという。中世社会では質流れにたいする社会的制約が近代社会よりも大きかったというわけだ。この慣習法そのものは中田薫や小早川欣吾の研究によってすでに戦前から知られてはいたが、その後はほとんど顧みられることがなかった。長いあいだ忘却されていた慣習法を再発掘し、その意味を問いなおしたところに井原の研究の大きな意義がある。とくに債務者の取戻権が容易に消滅しなかったことがあらためて確認されたことで、中世史最大の難問ともいうべき土地のもどり現象＝「徳政《とくせい》」▲にもこれまでとは異なる説明が可能になってくるかもしれない。

しかし同時に、井原の研究を読んで素朴な疑問をいだいた読者も少なくないはずである。金を返さない、質物も失わないでは、債務者にとってあまりにもバラ色すぎないか、そんな不利な条件でいったい誰が金を貸すのか。問題はそこである。われわれが井原の研究をうけとめたうえで、さらに進めてゆかねばならないのは、法と実態のあいだに存在したであろう隙間をどう埋めてゆくか

▼**徳政**　本来は人徳のある政治、善政をさしたが、のちに債務破棄や売却地の取り戻しをさす用法が一般化した。その底流には本来あるべき姿への回帰という観念があったと考えられている。

という作業である。質流れに債務者の同意が必要なら、脅してでも同意させるというようなことも実際には広くおこなわれていたにちがいないし、あるいは、質を流さなくても借金を回収できる何らかの方策が存在した可能性も十分考えられよう。本書ではこのうちの後者を掘り下げてみたいと思う。それを通じて中世の経済や社会についての理解を少しでも深めていただけたら幸いである。それはまた、破産者の債務処理が切実な社会問題になっている現代社会にとっても、あながち意味のないテーマではないと信じる。

①―「尾張房料足の事」

『御前落居記録』第一六項

十五世紀前半、室町幕府六代将軍足利義教《しょうぐんあしかがよしのり》▲の治世につくられた『御前落居記《ごぜんらっきょき》録《ろく》』という裁判記録がある。これは永享《えいきょう》二（一四三〇）年九月から同四（一四三二）年十二月までの期間に義教が決裁した計七二件の裁判について、各事件を担当した奉行人《ぶぎょうにん》（幕府の法曹官僚）がそのつど書き継いでいったものだが、その第一六項、永享二年十二月十一日の日付をもつ一裁判が本書の出発点となる。以下にその書き下し文を掲げておこう（読みやすさに配慮してひらがなを増やし、話し言葉には適宜「　」『　』を補った。また割注は〔　〕で示した。なお本書での史料引用は、以後すべて書き下し文でおこなうが、煩わしければ読み飛ばしていただいてもさしつかえない）。

（花押）

一　尾張房料足《おわりぼうりょうそく》の事

松梅院禅能《しょうばいいんぜんのう》の借書《しゃくしょ》九通、本銭五百八貫四百文〔このうち小畠入道《こばたけにゅうどう》の判《はん》

▼**足利義教**　一三九四〜一四四一年。三代将軍義満《よしみつ》の子。四代将軍義持《よしもち》の同母弟。くじ引きで将軍に選ばれ、当初は司法改革など、政務に熱意を燃やしたが、しだいに専制化を強め、最後は嘉吉《かきつ》の変《へん》で赤松満祐《あかまつみつすけ》に殺害された。

形《ぎょう》これあり」について「銭主《せんしゅ》に返弁すべき」の旨、為行《ためゆき》・貞連《さだつら》をもって相触れらるるのところ、「尾張秘計《ひけい》の段子細《しさい》なし。ただし彼の者、大宿直《おおとのい》千《せん》文子屋《もじや》の料足これを負い、逐電《ちくでん》せしむ。その後山上《さんじょう》飯室《いいむろ》阿弥陀《あみだ》坊《ぼう》、状をもって『銭主たる』由これを申し、催促いたすにより、弁済せしめ、残るところ百貫文の借書を遣わす。しかるに彼の状をもってまた七条円《しちじょうえん》林《りん》催促をいたす。ここにただいま仰せ下さるる九通の状は、『質に中西《なかにし》のもとに置く』の旨これを称す。借状においては尾張方に預け置くのところ、その身逐電のあいだ、取り返すにあたわず。請取にいたっては阿弥陀坊に返し渡すのとき、所領《しょりょう》を入れ置く。よって光聚院《こうじゅいん》口入《くにゅう》のあいだ、代官職《だいかんしき》を申し預け、彼の方より返弁の条、請取を執るに及ばず」と云々《うんぬん》。かつうは借書を取り返さず、かつうは請取を出帯せず、口状をもって言上、信用に足らず。その上「尾張逐電ののち、阿弥陀坊の催促について沙汰《さた》を致す」の由これを申す。何をもって証となし、銭主と存知せしむるや。ただ書状ばかりをもって、「あるいは所領、あるいは坊舎以下、我物たる」の旨申さば、領状すべきか。かたがた胸臆《くおく》の申詞なり。仮令《けりょう》阿

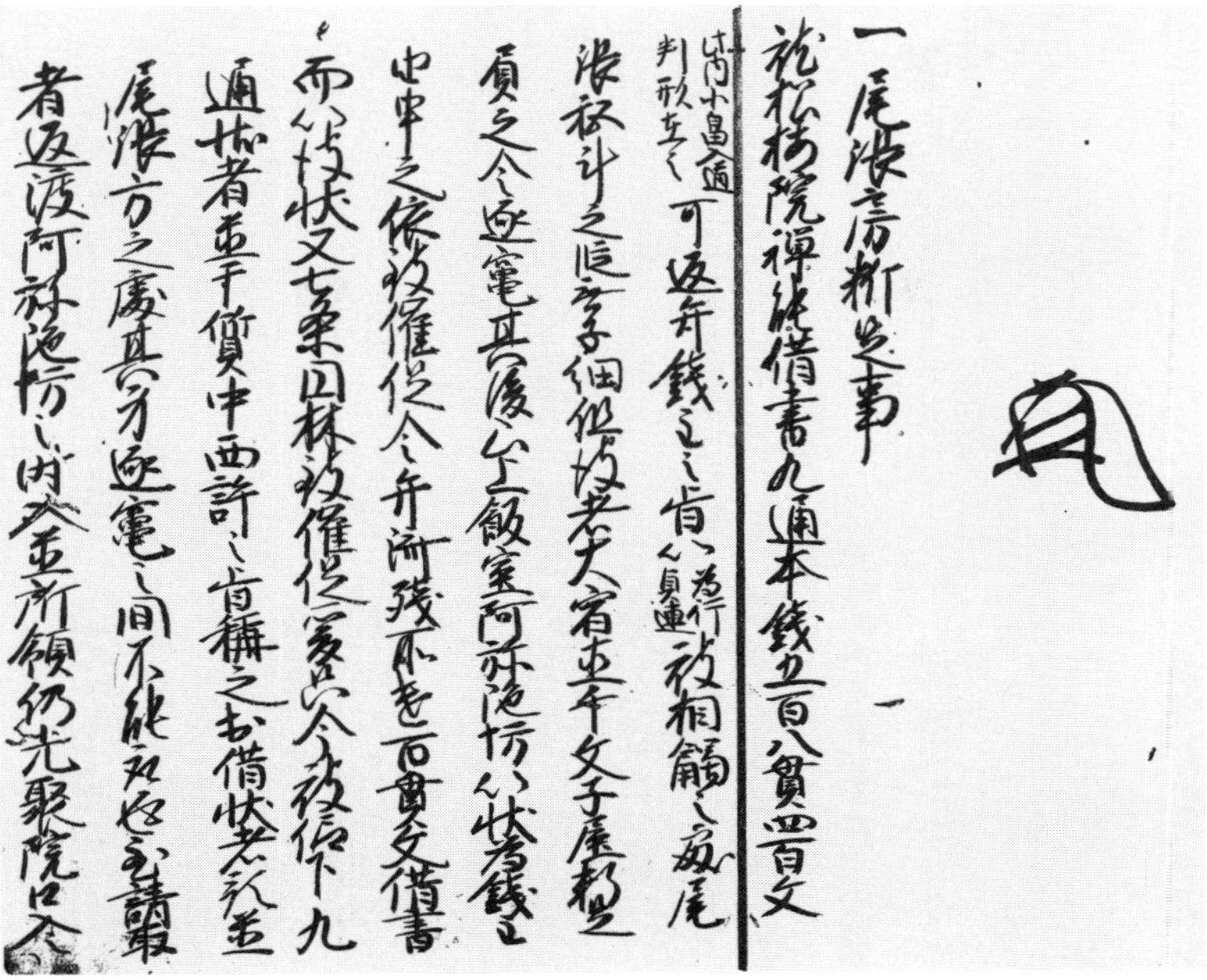

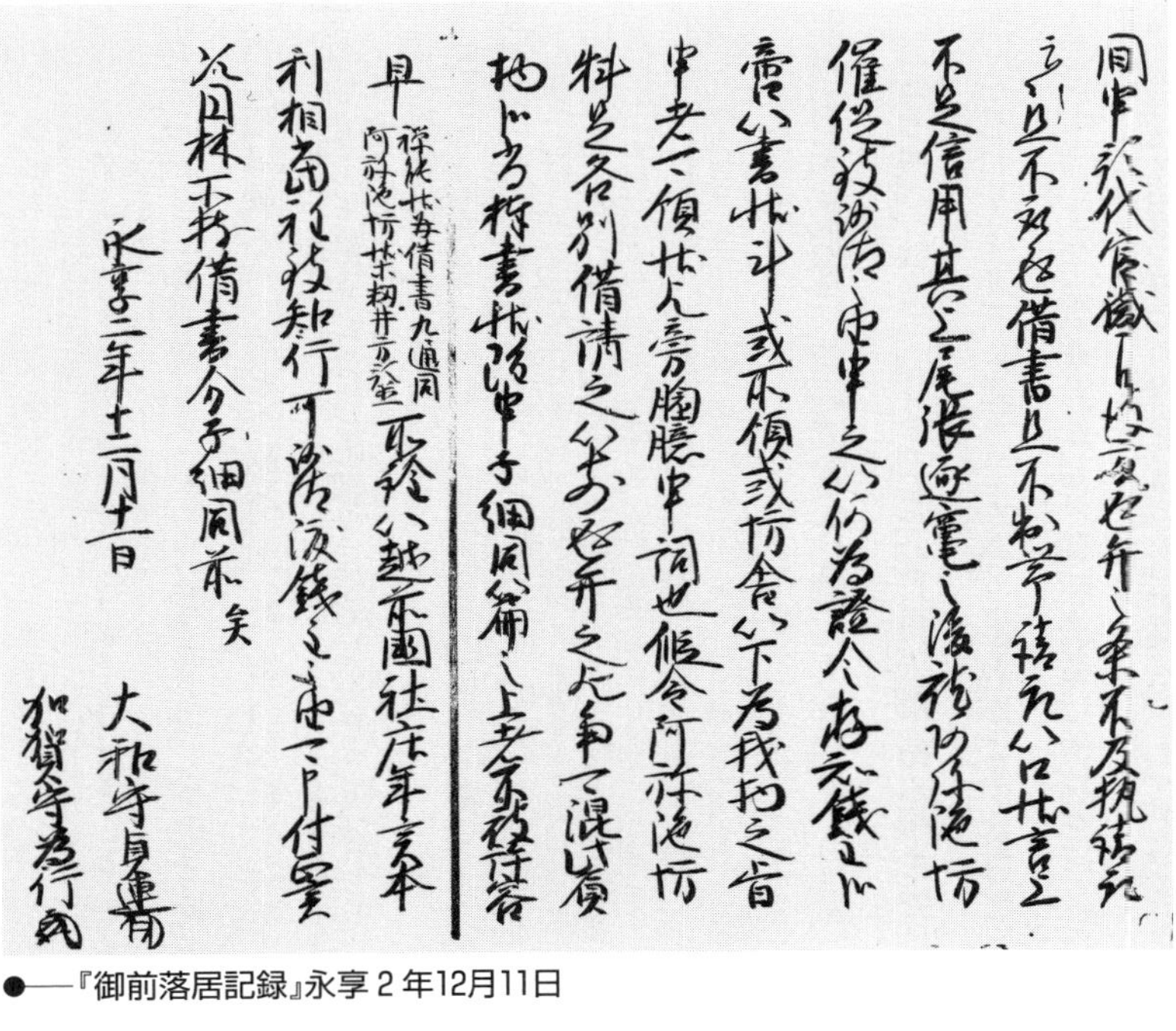

●──『御前落居記録』永享２年12月11日

弥陀坊の料足、各別にこれを借り請け、以前をこれ返弁するか。いかでかこの負物《ふもつ》に混ずべけんや。なお書状を捧げて子細を申すといえども、同篇の上は、許容せられず。〔禅能の状ならびに借書九通、同じく阿弥陀坊の状等、籾井《もみい》方に預け置く〕。所詮《しょせん》、「越前国《えちぜんのくに》社庄《やしろのしょう》の年貢《ねんぐ》をもって本利相当のほど知行《ちぎょう》いたし、銭主に沙汰し渡すべき」の由、正実《しょうじつ》に申し付くべし。次に円林所持の借書分、子細同前。

永享二年十二月十一日

大和守《やまとのかみ》貞連（花押）

加賀守《かがのかみ》為行（花押）

『御前落居記録』の形式

はじめに『御前落居記録』の記載形式について確認しておこう。まず冒頭の花《か》押《おう》▲は義教のものである。永享三（一四三一）年十二月五日付の第四六項までは一件ごとに義教がこのような花押をすえていることから、義教がこの記録に目を通し、いちいち内容を確認していたことがわかる。司法改革に情熱を注いだ義教らしいこまめさである。その花押がなぜ第四七項以降姿を消してしまうのか

▼花押　草書体《そうしょたい》の署名がさらに簡略化、記号化されることで成立した一種のサイン。名前とかかわりのない文字や図形が用いられることもあった。義教の花押は「義」字をもとにしたもの。

については、同月に義教が下御所《しものごしょ》(三条坊門亭《さんじょうぼうもんてい》)から上御所《かみのごしょ》(室町亭《むろまちてい》)に移住していることとの関連性が指摘されているが、それ以上のことはまだよくわかっていない。

次の「一　尾張房料足の事」は本件の標題にあたるもので、「……の事」で終わることから事書《ことがき》とよばれる。事書の次の行からが本文になるが、これを事書にたいして事実書《じじつがき》とよぶこともある。本文が終わると、最後にこれを記録した日付と担当奉行の署名・花押が記入されて一件の記事は完結する。

奉行人の署名は二名が圧倒的に多いが、事情によっては一名または三名のばあいもある。『御前落居記録』への記載と裁許状《さいきょじょう》の作成を実際に担当したのは、日付の下(これを日下《にっか》という)に位置する筆頭署名者である。本件についていえば、飯尾《いのお》貞連と同為行のうち、貞連が実際の記録者ということになる。通常、訴訟がおこされると、原告(訴人)側を担当する本《ほん》奉行(訴人奉行)と被告(論人)側を担当する合《あい》奉行(論人奉行)の二名が選定されるが、原告勝訴のときは本奉行が、被告勝訴のときは合奉行が筆頭に署名したとみられる。もっとも全七二件中、被告勝訴はわずか四件しかないから、必然的に筆頭署名者の大半は本奉行

▼下御所・上御所　下御所は三条坊門万里小路《までのこうじ》に所在した二代義《よし》詮《あきら》、四代義持時代の将軍御所。義教も当初はここに居住した。上御所は三代義満が北小路《きたのこうじ》室町に建てた将軍御所で、室町亭(第・邸)・花の御所などの通称で知られる。義教や八代義政《よしまさ》もここに居住した。

▼裁許状　勝訴者に交付された判決状。相手の身分や内容に応じて御内書《ごないしょ》・御判御教書《ごはんのみぎょうしょ》・管領奉《かんれいほう》書《しょ》・奉行人連署奉書《れんしょほうしょ》が使い分けられていた。このうち御内書を除く他の三種は奉行人が執筆し、御判御教書には将軍が、管領奉書には管領が、奉行人連署奉書には奉行人がそれぞれ花押をすえた。

によって占められていたはずである。なぜいつも原告側ばかりが勝訴するのか、これも『御前落居記録』や義教期の司法について考えるさいの大きな問題のひとつである。

記事と対応する裁許状がたまたま残った七件のケースをみると、裁許状もすべて『御前落居記録』の日付と同日に発給されている。ただし、『御前落居記録』への記載と裁許状の作成のどちらを先に済ませるかは奉行人の自由に委ねられていた。飯尾為種《ためたね》▲のようにかならず裁許状を作成してから『御前落居記録』にとりかかる者もいれば、本件の担当奉行でもある飯尾貞連▲のようにその逆であった者もいる。このあたりはめいめいの個性が出ていてじつにおもしろい。

松梅院禅能の弁明

続いて記事の内容に移ろう。本件は松梅院禅能の借書(借用証文)九通、元本にして五〇八貫四〇〇文にのぼる債務が実際に存在するのか否か、いいかえれば、禅能にそれを返済する義務があるかどうかが争われた裁判である。禅能が直接借金をした相手は尾張房という人物であり、だから本件の標題も「尾張房

▼飯尾為種　?〜一四五八年。『御前落居記録』のうち、為種が筆頭署名者になっている記事では、「御判を成し下されおわんぬ」のごとく裁許状の発給がすべて過去形で記されていることから、為種はかならず裁許状を作成したあとに『御前落居記録』に記入していたことがわかる。

▼飯尾貞連　?〜一四五五年。貞連が筆頭署名者になっている記事では、「御判を成し下さるべし」のごとく裁許状の発給がすべて未来形で記されていることから、貞連のばあい、為種とは逆に、かならず『御前落居記録』への記入を済ましたあとに裁許状を作成していたことがわかる。

料足の事」となっている(「料足」とは銭の意)。本文一行目に「このうち小畠入道の判形これあり」という割注がみえるが、これは、禅能の借書に彼の被官《ひかん》であった小畠入道という人物が花押(「判形」)をすえていたという意味である。禅能がどういう人物かについてはのちにあらためて触れるが、彼のようにある程度の身分の者になると、借書のような無粋な文書は自分で書かずに、右筆《ゆうひつ》に書かせることも多かった。もちろん、真の債務者が禅能であることには何ら変わりがない。

『御前落居記録』の記事は、たいてい原告・被告双方の主張を記し、ついで審理の過程を、そして最後に義教の判決を記すという構成をとっているが、本件はそこからやや逸脱した記載になっている。ここには原告である債権者(「銭主」)の主張が出てこず、いきなり禅能に債務履行を命じる決定が下されたという記事からはじまるのである。

通常の裁判では、判決は原告・被告双方の主張を聴いたうえで出されるが、この記事を読むかぎり、債務履行を求める訴訟のばあい、借書が具備していれば、とりあえず原告側の一方的な主張だけで決定が出たものとみえる(ここま

▼政所　室町幕府の財政を管轄するとともに、米銭貸借などの動産訴訟も担当した幕府の機関。長官である執事《しつじ》は伊勢《いせ》氏が世襲した。

での手続きは、政所《まんどころ》▲とよばれる動産訴訟担当の別の法廷でおこなわれた可能性が高い）。そしてその決定にたいし、被告側が不服を申し立てたばあいにのみ、正式裁判にもちこまれたのだろう。この理解にしたがえば、債務履行を命じた最初の決定は、判決というよりむしろ略式命令に近いものである。いずれにせよ、債務履行命令が出されるまでの手続きについては、奉行人たちにとって自明の事柄だったためか、記録からは省略されている。

さて、本件の担当奉行である飯尾為行・貞連両名が債務履行を命じる決定を禅能に伝えたところ、禅能はさっそく不服を申し立てた。右の理解に立てば、ここからが正式裁判である。禅能の弁明は長文で、内容もかなり込み入っているが、以下に解釈を試みよう。

禅能が五〇八貫四〇〇文の借金をした相手は尾張房であった（「秘計」とは金を貸すの意）。しかし尾張房は大宿直千文子屋という別の金融業者からの借金をふみ倒して行方をくらましてしまった。その後しばらくして比叡山《ひえいざん》飯室谷の阿弥陀坊という僧が禅能のもとに書状をよこして、「自分が新しい債権者になった」と借金の返済を迫ってきた。禅能は、四〇八貫四〇〇文については何とか返済できたものの、残り一〇〇貫文については返済しきれなかったので、一〇〇貫文分の借書をあらたに作成して阿弥陀坊に送った。ところがその後また七条の円林という別の債権者があらわれ、この一〇〇貫文分の借書をもっていると称して催促してきた。禅能が、最初に尾張房に手渡した九通の借書について円林に尋ねると、円林は「中西のもとに質入れ中だ」と答えた。

禅能の説明のうち、とりあえず前半のみを訳出するとだいたい以上のようになろう。あとでまた詳しく触れるが、中世の金融業者は一般に考えられているような大資本ばかりでなく、他の金融業者から資金を借り入れて顧客に又貸ししているような零細な業者も少なくなかった。禅能に金を貸していた尾張房が大宿直千文子屋という別の金融業者から借金していたのも、同じく七条の円林が有名な酒屋である中西明重《みょうじゅう》のもとに文書を質入れしていたのも、いずれもそのような金融業者相互間の貸借として理解されよう。また、これもあとでもう一度触れることだが、このような金融業者相互間の貸借を決済するために、彼らのあいだではしばしば顧客の借書がやりとりされていた。いいかえれば、顧客の借書が一種の信用貨幣として金融業者間を流通していたのである。いま禅能の説明にしたがって、借書の流れを追うと、次のいずれかになろう。

禅能→尾張房→大宿直千文子屋→飯室阿弥陀坊→七条円林→中西

または

禅能→尾張房→飯室阿弥陀坊→七条円林→中西

このうち大宿直千文子屋については、尾張房に資金を貸し付けていたことははっきりしているものの、禅能の借書が千文子屋の手に渡ったかどうかまでは書かれておらず、位置づけがむずかしい。借書が千文子屋を経由して阿弥陀坊に渡ったとすれば前者、千文子屋を経由せず、尾張房から直接阿弥陀坊に渡ったとすれば後者のような流れになる。この借書の流れは、金融業者の立場からみれば、債権譲渡もしくは債権流通の過程にほかならない。

義教の事実認定

禅能の弁明が真実だとすれば、五〇八貫四〇〇文のうち四〇八貫四〇〇文は返済を済ましているわけだから、その分については何らかの証拠が禅能の手もとに残されていてもよいはずである。具体的にいうと、借書九通のうち完済された借書が一通でもあれば、その借書は禅能に返却されているはずだし、完済された借書がないばあいでも、返済を続けているかぎりは、そのつど仮の請取状が出されているはずである。ところが禅能はそのどちらも所持していないという。

そこで禅能の説明の後半に入ろう。まず借書については、前半ですでに酒屋中西明重のもとにあると述べているのだから、禅能の手もとにないことは明白だが、後半によれば、禅能は、最初に借書を手渡した尾張房が逐電して以降、一度も借書を取り返せていないという。一方、請取状を所持していない理由については、「阿弥陀坊に返し渡すのとき、所領を入れ置く。よって光聚院口入のあいだ、代官職を申し預け、彼の方より返弁の条、請取を執るに及ばず」というのがその説明にあたる部分である。この部分の詳しい解釈はのちにあらためておこなうとして、いまはその要点だけ述べておくと、禅能は阿弥陀坊にたいする債務処理の一切を光聚院という別の人物に委託していたのである。光聚院の役割を一言でいえば、債務処理代行業者あるいは債務処理請負人とでもよぶことができよう。つまり債務処理は別人に一任してしまったから、請取状が出されたとしても自分の手もとにまでは届かないというのが禅能の言い分である。借金はあらかた返済したのに、借書だけがもどってきていない、禅能はそう主張しているわけだ。

さて以上のような禅能の説明は将軍義教を納得させただろうか。答は否である。そこで次に義教の見解を聞こう。

借書も取り返さず、請取状も提出できずでは、口先でどう主張しようが信用するわけにはいかない。それに禅能は「尾張房が逐電したあと、阿弥陀坊から催促されたので、阿弥陀坊に借金を返済した」と証言しているが、いったい何を根拠に阿弥陀坊が真の債権者であると判断できたのか。阿弥陀坊は書状で債権者であることを禅能に告げたというが、何の証拠も示されず、ただ一通の書状だけで「お前の所領や坊舎は私のものだ」といわれたとしたら、まずは疑ってかかるのが普通だろう。ところが禅能は素直にこの催促に応じたという。どれをとっても禅能の証言は疑わしい点だらけ(「胸臆の申詞」)だ。

いつもながら義教の洞察は鋭い。相手の矛盾を突くことに関して、義教は天才的な能力をもっていた。では義教は、事の真相をどのように把握していたのだろうか。それが「仮令阿弥陀坊の料足、各別にこれを借り請け、以前をこれ返弁するか。いかでかこの負物に混ずべけんや」の部分である。

たとえば（「仮令」）阿弥陀坊からの借金は、尾張房からのそれとは別件の、まったく新しい借金なのではないか。阿弥陀坊からあらたに借りた金で、それ以前の債務を返済しようとしたのだろう。したがって阿弥陀坊への債務は、争点である「尾張房料足」と一連のものとは認めがたい。

義教は、尾張房から中西までの借書の流れを一つの債権譲渡・債権流通の流れとして説明した禅能の証言を全面的に否定し、それらを相互に独立した二つの債務、二つの流れと認定したのである。これを図示すれば、次のようになろう。

〔借書九通、五〇八貫四〇〇文〕

禅能→尾張房→大宿直千文子屋→中西　または　禅能→尾張房→中西

〔借書一通、一〇〇貫文〕

禅能→飯室阿弥陀坊→七条円林

禅能の弁明と義教の事実認定のどちらが真実かを、にわかに判断するのはむずかしいが、『御前落居記録』によるかぎり、禅能の弁明は明らかに不自然である。義教によって指摘された阿弥陀坊への奇妙な対応ももちろんだが、だいたい四〇〇貫文を超える大金を、借書との引き換えなしに返済するなどということがありえようか。だが一方では、幕府側の対応にも疑問を感じさせる点はある。阿弥陀坊らを召喚して尋問しさえすれば、一気に真相にたどりつけるはずなのに、幕府がそれをおこなった形跡はまったくないのである。もっとも先ほども述べたように、本件では債権者たちが最初に提出した訴状の内容は記録されていないから、その訴状のなかで禅能の弁明と真っ向から対立する主張が展開されていたと考える余地はあるかもしれない。ともかく、以上のような義教の厳しい追及にたいし、禅能は再度書状を捧げて弁明を試みたものの、あっけなく却けられている。

なお、本件の原告である債権者が誰であるかをまだ特定していなかったが、最終的な借書の所持者である中西明重と七条円林の二人とみるのがやはり自然だろう。本件はこの二人の勝訴、そして禅能の敗訴に終わったのである。

ところで最後の判決部分で、義教は、禅能の債務処理に関してきわめて具体的な指示を出している。「所詮、『越前国社庄▲の年貢をもって本利相当のほど知行いたし、銭主に沙汰し渡すべき』の由、正実に申し付くべし。次に円林所持の借書分、子細同前」がそれにあたる部分だが、義教が指示したこの債務処理方法こそ、本書の冒頭で触れた「破滅を回避する何らかの社会的システム」「質を流さなくても借金を回収できる何らかの方策」と深くかかわっているにちがいない。この問題については、右の部分の解釈を含め、のちほどまた詳しく触れることにして、まずは本件の被告である松梅院禅能がどのような人物であったのかについてみておくことにしよう。

▼**越前国社荘**　現福井県福井市福《ふく》町・門前《もんぜん》町付近。

②松梅院禅能の破産

松梅院禅能

本件には多くの登場人物が出てくる。被告である松梅院禅能《しょうばいいんぜんのう》をはじめ、尾張《おわり》房《ぼう》、大宿直千文子屋《おおとのいせんもじや》、飯室阿弥陀坊《いいむろあみだぼう》、七条円林《しちじょうえんりん》、中西《なかにし》ら五人の金融業者たち、禅能の債務処理を請け負った光聚院《こうじゅいん》、「禅能の状ならびに借書《しゃくしょ》九通、同じく阿弥陀坊の状等、籾井《もみい》方に預け置く」のごとく、幕府から本件証拠書類の保管を託されていた籾井、そして最後の判決部分で義教《よしのり》から債務処理を命じられている正実《しょうじつ》と、じつに九人もの人物が登場してくるのは、『御前落居記録《ごぜんらっきょきろく》』のなかでも一、二を争う登場人物の多さである。

そのなかでも最初に取り上げねばならないのは、何といっても松梅院禅能である。そもそも五〇八貫四〇〇文▲の借金というが、現在の金額にすれば、五〇〇〇万円▲にもおよぶ大金である。それほどの借金をつくった禅能とはいったいどのような人物だったのだろうか。

松梅院とは京都北野社《きたのしゃ》▲(北野天満宮《てんまんぐう》)の院家《いんげ》(祠官《しかん》ともいう)のひとつである。北

▼**文と円**　米価等の比較から、中世の銭《ぜに》一文はだいたい現在の一〇〇円程度に相当することが知られている。ちなみに銭一〇〇〇文を一貫文といった。

▼**北野社**　京都市上京《かみぎょう》区馬喰《ばくろう》町に所在。祭神は菅原道真《すがわらのみちざね》ほか。十世紀半ばに創建され、当初は道真の怨霊《おんりょう》を鎮める御霊《ごりょう》信仰が中心だったが、のちに学問の神としても信仰を集めるようになった。四一ページ写真参照。

▼**北野公文所**　北野社の事務を統轄していた役職。北野社の本寺《ほんじ》である延暦寺や北野社別当《べっとう》である曼殊院門跡の指示を仰ぎながら、社内の統制や公文書の管理などにあたった。

野社も中世の神社一般の例にもれず、神仏習合《しんぶつしゅうごう》のもとで僧侶が実権を握っていたが、院家とはこれら有力社僧たちの住坊《じゅうぼう》のことである。主だった社僧たちは神社の門前にそれぞれの院家を構え、妻帯して子供に院家を継がせた。北野社にもいくつかの院家が存在したが、そのなかでも南北朝時代の混乱を制し、北野公文所《くもんじょ》▲・将軍家御師《しょうぐんけおし》▲として北野社の実権を手中にしたのが松梅院であった。その松梅院を継いだ禅能は、北野への信仰篤い室町幕府四代将軍足利義持《あしかがよしもち》▲と出会ったことで、大きな躍進をとげることになる。

義持の北野信仰

義持は、父義満《よしみつ》が在世中の応永《おうえい》元(一三九四)年に将軍職を譲られたが、名実ともに幕府の頂点に立ったのは、同十五(一四〇八)年に義満が死去してからであった。当初不安定だった政局も、同二十五(一四一八)年にかつて家督《かとく》を争った異母弟の義嗣《よしつぐ》▲を滅ぼして以降しだいに安定し、結果的に室町幕府二百三十余年の歴史のなかでももっとも平和な時代を迎えることになる。そのような政治的安定を背景に、同三十(一四二三)年には父義満の例にならって将軍職を嫡子

▼**将軍家御師**　中世の神社において、特定の信者と契約を結んで参詣の手配などをおこなっていた者を御師といったが、将軍家御師とはそのうち将軍家の御師をつとめていた者。将軍の祈禱を担当したほか、将軍が参詣・参籠するさいには宿所を提供した。

▼**足利義持**　一三八六〜一四二八年。三代将軍義満の子。母は義教と同じ藤原慶子《ふじわらののりこ》。

▼**足利義嗣**　一三九四〜一四一八年。三代将軍義満の子。四代将軍義持の弟。母は摂津能秀《よしひで》の娘。晩年の義満に寵愛され、一時は兄義持に取って代わる勢いであったが、義満の死後は後ろ楯を失い、応永二十三(一四一六)年に関東でおきた上杉禅秀《うえすぎぜんしゅう》の乱を口実に逮捕・幽閉され、同二十五(一四一八)年に処刑された。

義量《よしかず》に譲り、みずからは出家をとげて、すべてがこのまま順調にゆくかにみえた。ところが同三十二(一四二五)年二月、将来を託した五代将軍義量がわずか一九歳にして病死してしまう。義持にはほかに男子がなかったため、後継将軍を指名しないまま、その後、約三年にわたって前将軍として政務をとったのち、同三十五(一四二八)年正月、四三歳で没している。

義持は歴代将軍のなかでもとりわけ信心深い人物であった。父義満との長い確執や、みずからの手で葬った異母弟のことなど、室町幕府の全盛期を築いた名将にも心の奥に深い闇が潜んでいて、そこに彼が神仏に傾倒する背景があったとも考えられるが、それにしても義持の信仰生活はあまりにも極端で、それはむしろ狂信的でさえあった。

神社等への参詣・参籠にかぎっても、その回数がすでに尋常でない。ほぼ年《ねん》中《じゅう》行事《ぎょうじ》化していたものだけを拾っても、まず元日の三条《さんじょう》八幡宮▲と北野社への参詣にはじまって(ただし、応永三十一〈一四二四〉年以降)、二月中・下旬には石清水《いわしみず》八幡宮▲・六条《ろくじょう》八幡宮▲に参詣したあと、北野社で七日間の参籠をおこなうのが常であった。三月の中・下旬には石清水八幡宮・六条八幡宮・北野社に

▼三条八幡宮　京都市中京《なかぎょう》区亀甲屋《きっこうや》町にある御所八幡宮の旧称。足利尊氏《たかうじ》が邸内に八幡神を勧請《かんじょう》したのがはじまりと伝えられる。室町時代には等持寺《とうじじ》の南隣、下御所(三条坊門亭)の西隣に位置した。

▼石清水八幡宮　京都府八幡《やわた》市に所在。祭神は応神《おうじん》天皇・神功《じんぐう》皇后ほか。貞観《じょうがん》元(八五九)年に宇佐《うさ》八幡宮から勧請されたのがはじまり。源氏《げんじ》の氏神《うじがみ》として鎌倉・室町将軍から崇敬された。

▼六条八幡宮　現在の若宮《わかみや》八幡宮。天喜《てんぎ》元(一〇五三)年、源頼《みなもとのより》義《よし》が邸内に八幡神を祭ったのがはじまり。もと左女牛《さめうし》西洞院《にしのとういん》にあり、六条八幡宮・六条左女牛若宮などとよばれた。鎌倉・室町将軍から手厚い保護をうけたが、豊臣《とよとみ》秀吉《ひでよし》により現在地の東山《ひがしやま》区五条橋東に移された。

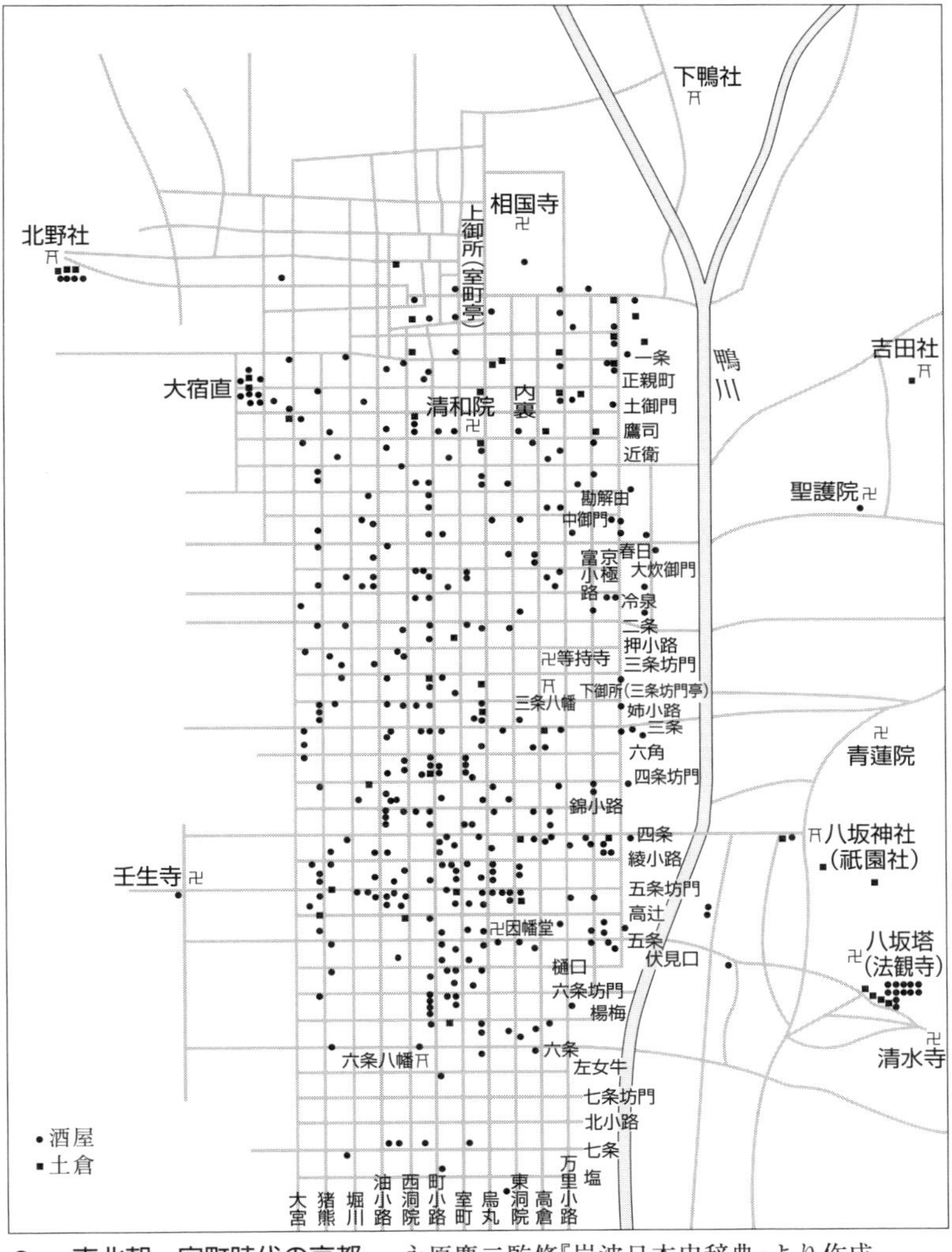

●——南北朝・室町時代の京都　永原慶二監修『岩波日本史辞典』より作成。

参詣し、その翌日か、翌々日には伊勢《いせ》参宮に出発することが多かった（参宮だけの年もある）。五月には二十日または二十一日から北野社で七日間の参籠、六月にはたいてい二十三日から石清水八幡宮でやはり七日間の参籠（もしくは参詣）、九月十七〜二十日のいずれかの日にまた伊勢参宮に出発し、十月九日からは因幡堂《いなばどう》▲で七〜八日間の参籠、十一月にも日は不定ながら石清水八幡宮か北野社で七日間の参籠をおこない、清和院《せいわいん》▲でも月は不定ながらほとんど毎年のように参籠をおこなっている。このほか不定期の参詣・参籠も数多くこなしているし、神社以外にも禅寺《ぜんじ》や大名《だいみょう》屋敷への御成《おなり》もあったから、御所《ごしょ》に腰を落ち着けている暇などほとんどなかったといってよい。

参詣・参籠の回数では何といっても石清水八幡宮と北野社が群をぬいているが、義持が正式に家督を継いだ翌年の応永十六（一四〇九）年から亡くなる前年の同三十四（一四二七）年までの期間に、義持が石清水八幡宮と北野社それぞれですごした日数を年次別に示すと、表1のようになる（一部推定）。伊勢参宮の回数も併記したので、あわせて参照されたい。このなかには、政変等によって参詣・参籠がさしひかえられた年や、史料の欠如によって正確にトレースでき

▼**因幡堂**　京都市下京《しもぎょう》区因幡堂町にある真言宗《しんごんしゅう》寺院福聚山《ふくじゅざん》平《びょう》等寺《どうじ》の通称。長徳《ちょうとく》三（九九七）年に因幡国司《こくし》橘《たちばなの》行平《ゆきひら》が海中から薬《やく》師《し》像を発見、長保《ちょうほ》五（一〇〇三）年にそれが行平邸に飛来したことから堂を建てて安置したのがはじまりと伝えられる。中世には天皇・将軍から庶民にいたるまで幅広い階層の信仰を集めた。本尊《ほんぞん》の薬師如来《にょらい》像は日本三如来の一つ。

▼**清和院**　清和《せいわ》天皇（八五〇〜八八〇年）が譲位後に居住した後院に由来し、のちに真言宗寺院となった。中世には土御門《つちみかど》室町付近（現京都市上京《かみぎょう》区清和院町）にあり、清和天皇の姿を模したと伝えられる本尊の延命地蔵《えんめいじぞう》で有名。江戸時代に焼失し、現在地の上京区一観音《いちかんのん》町に移った。

●――石清水八幡宮(京都府八幡市)

●――表1　義持の参詣・参籠

年　次	参詣・参籠
応永16(1409)年	八幡8日・北野14日・伊勢1回
17(　10)年	八幡21日・北野7日・伊勢1回
19(　12)年	八幡18日・北野21日・伊勢1回
20(　13)年	八幡1日・北野14日
21(　14)年	八幡14日・北野24日・伊勢1回
22(　15)年	八幡9日・北野1日
23(　16)年	八幡9日・北野23日
24(　17)年	八幡13日・北野16日・伊勢2回
25(　18)年	八幡8日・北野7日・伊勢1回
26(　19)年	八幡26日・北野26日・伊勢1回
27(　20)年	八幡12日・北野14日
28(　21)年	八幡19日・北野17日・伊勢3回
29(　22)年	八幡3日・北野10日・伊勢1回
30(　23)年	八幡15日・北野33日・伊勢3回
31(　24)年	八幡13日・北野30日・伊勢2回
32(　25)年	八幡11日・北野35日
33(　26)年	八幡9日・北野38日・伊勢2回
34(　27)年	八幡10日・北野33日・伊勢1回

なかった年もあるが、おおよその傾向をうかがい知るには十分だろう。

これによれば、多いときで（応永二十六〈一四一九〉年）年間五〇日以上を八幡・北野両社ですごした年もあるが、全体的には後半になるほど滞在日数が漸増する傾向にあった。また、八幡と北野の関係でいうと、応永二十年代までは両社がほぼ拮抗していたのにたいし、同三十年を境に北野が急増し、八幡を完全に引き離してしまう。つまり後半の漸増傾向は、主に北野滞在の長期化によってつくられたのである。応永三十年といえば、義持が出家した年にあたり、この出家を機に義持が本格的な信仰生活に入ったことがあらためて裏づけられる。それにたいし、同三十二年の義量の死は義持の信仰生活にほとんど変化を与えていない。この辺は少し意外なところだが、あるいは義持の参詣・参籠は、政務や他の年中行事との関係ですでに飽和状態に達していたのかもしれない。

ともかく義持の晩年には、毎年一ケ月以上を北野ですごすことが常態化するが、そのなかにはほとんど入りびたりに近い時期もあった。たとえば応永三十二年暮の状況をみると、十一月二十四日から十二月一日まで参籠したのち、引き続き禅能の住坊に二泊して二日、三日と立て続けに参詣をおこなっている。

十七日にも禅能のもとに一泊して翌日参詣を済ましてから万寿寺《まんじゅじ》▲に向かい、二十四日にもまた禅能の住坊に一泊して翌日参詣を済ましてから参内・院参、さらに二十九日夕方にも禅能のもとにやってきて一泊している。翌三十三(一四二六)年の八月にも、四日に禅能のもとに一泊したのをかわきりに、九日にも北野参詣ののち、そのまま禅能の住坊に一泊して翌日北野から直接八幡参籠に向かっている。八幡参籠が十六日に終わると、そこから直接禅能の住坊にもどって十八日まで宿泊、十八日には禅能の住坊から直接三条八幡宮の参詣に出かけ、夜また禅能の住坊にもどって二十二日まで宿泊、二十二日にいったん御所へ帰ったのち、翌二十三日にまた禅能のもとにやってきて二十六日まで宿泊、二十六日に三条八幡宮を参拝したのち、ようやく御所に帰っている。

このように晩年の義持は北野、とりわけ松梅院禅能の住坊に入りびたったのである。北野は義持にとって信仰のためだけの空間ではなかった。応永二十九(一四二二)年から同三十一年ごろには、寵愛する増阿《ぞうあ》▲にしばしば北野で田楽《でんがく》▲を演じさせ、それを義持は参籠のついでに見物するのであった。義持にとって北野は、日常の束縛から開放され、お気に入りの者たちだけとすごす、居心地の

▼**万寿寺**　京都市東山区にある臨済宗《りんざいしゅう》寺院。延文《えんぶん》三(正平《しょうへい》十三＝一三五八)年五山《ござん》に列した。

▼**増阿**　生没年不明。田楽の名人で、義持時代には世阿弥《ぜあみ》に代わって、その寵愛を一身に集めた。世阿弥もその芸を「冷えに冷えたり」と絶賛している(『申楽談儀《さるがくだんぎ》』)。

▼**田楽**　田植えをはやす歌舞からはじまった芸能で、のちに曲芸や能《のう》(劇)の要素も加わって、総合的な芸術に発展した。猿楽《さるがく》とは本来起源を異にするが、内容的にはかなり接近したものとなり、世阿弥にも多大な影響を与えた。

よい空間でもあったのだろう。そして禅能は、その空間を提供するホストとして、義持と緊密な関係を築いていったのである。

「永代不易の御判」

禅能の孫にあたる禅予《ぜんよ》が、寛正《かんしょう》六(一四六五)年時点での松梅院領を書き上げた目録が残っている(『北野社家日記《きたのしゃけにっき》▲7』一〇四〜一〇八ページ)。これによれば、この時点で松梅院が支配を続けていた(これを「当知行《とうちぎょう》」とよぶ)所領《しょりょう》は、山城《やましろ》・丹《たん》波《ば》・近江《おうみ》・美濃《みの》・河内《かわち》・駿河《するが》・美作《みまさか》・和泉《いずみ》・摂津《せっつ》・加賀《かが》・越前《えちぜん》・播磨《はりま》・能登《のと》・但馬《たじま》・越後《えちご》・備後《びんご》の一六ケ国にまたがる計三五ケ所であり、逆に貴族や武士、あるいは北野社の別の院家等に押領《おうりょう》されるなどして、松梅院の手を離れていた(これを「不《ふ》知行」とよぶ)所領は、越前・山城・丹後《たんご》・尾張《おわり》・飛驒《ひだ》・遠江《とおとうみ》・和泉・美作・摂津・加賀・丹波・駿河・因幡《いなば》・近江・三河《みかわ》・佐渡《さど》のやはり一六ケ国にまたがる計二五ケ所である。総計六〇ケ所のうち約六割の支配を維持していたというのだから、応仁《おうにん》・文明《ぶんめい》の乱《らん》直前のこの時期にしては、なかなかの実績というべきかもしれない。このうち当知行・不知行あわせた三六ケ所については、

▼**『北野社家日記』**　北野社松梅院旧蔵の「北野神社引付《ひきつけ》」の一部。宝徳《ほうとく》元〜元和《げんな》九(一四四九〜一六二三)年の歴代松梅院主による日記のほか、抄録・別記を含む。北野天満宮・筑波大学図書館・天理図書館等に分蔵。刊本は『史料纂集　北野社家日記1〜7』として続群書類従完成会より刊行。

●—表2　松梅院の所領数と獲得時期

獲得時期	所　領　数
鎌倉期以前	2(当知行1・不知行1)
初代尊氏期	4(当知行0・不知行4)
2代義詮期	4(当知行1・不知行3)
3代義満期	15(当知行6・不知行9)
4代義持期	10(当知行5・不知行5)
6代義教期	0(当知行0・不知行0)
7代義勝期	0(当知行0・不知行0)
8代義政期	1(当知行0・不知行1)

松梅院がそれらを獲得した時期も判明する。集計結果のみ表2に示そう。このなかには、将軍家自身が寄進《きしん》したもののほか、私人が寄進した所領を将軍家が安堵《あんど》したケースも含まれているが、いずれにせよ将軍家が深く関与していることには変わりがない。したがってこの数値は、各将軍の北野松梅院にたいするスタンスをよく反映しているとみてよかろう。

これによれば、松梅院領のほぼ七割が、三代義満と四代義持によって与えられたことがわかる。両将軍期は松梅院にとってまさに全盛期だったのである。その一方で、この数値は六代義教の松梅院にたいする冷遇ぶりも同時にあぶり出している。禅能はそのような逆境のなかで先の裁判を戦ったわけだ。

義持の松梅院にたいする保護は、与えた所領の数でこそ義満におよばないものの、質という点ではむしろ義満より勝っていたかもしれぬ。なかでも応永十六(一四〇九)年に義持が禅能に与えた次の文書は、後世「不易《ふえき》の御判《ごはん》」「永代《えいたい》不易の御判」などとよばれ、長く記憶にとどめられることになった。

勝定院殿《しょうじょういんどの》御判

北野宮寺領本新当知行所々の事、本主《ほんしゅ》ありて訴訟に及ぶといえども、その理《り》あらば替地を宛て行うべし。宮寺領においては永代不易の地として神用を専らにすべし。奉行職《ぶぎょうしき》にいたっては禅能法眼領知を全うすべきの状、件《くだん》のごとし。

応永十六年九月廿日

(『北野社家日記7』六八～六九、九五ページ)

北野社が現在支配している所領について、もし本来の持ち主があらわれて訴訟におよび、しかもその者に理があったばあい、その者には替地を与えるという内容である。北野社側に理があれば当然北野社の勝訴、かりに理がないばあいでも相手には替地が与えられるというのだから、どちらに転んでも北野社領は安泰である。まさに万能の証文といえよう。しかもその所領を直接支配する奉行職には禅能を任じるというのだから、この文書は北野社内における松梅院の地位をも同時に保障していたことになる。

ところで、この文書が出された日付に注目してみると、この年、義持は九月十六日から北野社に参籠している。参籠は通常七日間であるから、この文書はまさに義持の北野参籠中に出されたのである。じつは義持が禅能に与えた文書には、北野参籠中に出されたものが少なくない。河内国八ケ所を寄進した応永二十五(一四一八)年十一月二十五日の寄附状、北野社西京《さいきょう》神人《じにん》の麴《こうじ》業独占を認めた同二十六(一四一九)年九月十二日の下知状《げちじょう》▲、近江国建部社《たけべしゃ》▲祝《はふり》職にたいする権利を保護した同三十四(一四二七)年九月十二日の管領奉書《かんれいほうしょ》、いずれもその日付から義持の北野参籠中に出されたものであることが確かめられる。義持の参籠は、経済的にも禅能に大きな見返りをもたらしていたのである。

いつの借金か

では義持時代の禅能は羽振りのよい生活を送っていたのだろうか。じつはかならずしもそうではなかったようだ。というのも義持時代末期の応永三十四(一四二七)年に次のような文書が出ているからである。

北野宮寺諸国所々神領、当年水損により神事闕怠《けったい》すべきの旨、聞こし食《め》し及ばるる条、驚き思し食さるるものなり。しかれば銭主等に渡し置かるる在所《ざいしょ》にいたっては、社家《しゃけ》直務いたされ、このほか借物等、権門勢家《けんもんせいけ》を謂わず、当年より五ヶ年のあいだ返弁の儀を停止し、神事を全うせらるべし。

▼下知状　将軍が新恩給与《しんおんきゅうよ》や安堵をおこなうばあい、通常は御判御教書《みぎょうしょ》が用いられたが、神人のように身分の低い相手に発給するさいには下知状が用いられた。下知状は「下知件のごとし」という書き止め文言をもち、充所は書かない。

▼建部社　滋賀県大津《おおつ》市神領《じんりょう》に所在。近江一宮《いちのみや》。祭神は日本《やまと》武尊《たける》ほか。祝職は神官の一つ。

ただし彼の年紀を過ぎば、千貫文の借物、毎年弐百貫文宛の結角《けちげ》（解）を遂げ、連々その沙汰《さた》をいたさるべし。万一異儀の輩《ともがら》あらば、交名《きょうみょう》を註（注）進せらるべきの由仰せ下（さるる）ところなり。よって執達《しったつ》件のごとし。

応永卅四年十月九日　　　　肥前守《ひぜんのかみ》在判

松梅院法院《ほういん》（印）御房《ごぼう》

（『北野天満宮史料　古記録』三一一ページ）

写なので誤字・脱字もあるが、幕府奉行人飯尾《いのお》肥前守為種《ためたね》が義持の意をうけて出した奉書とみて問題はあるまい。充所《あてどころ》の松梅院法印はもちろん禅能である。ここにも書かれているように、この年は雨が多く、京都でも五月には洪水で四条橋・五条橋が落ちたほか、在家百余軒が流失する被害が出ているが、全国の北野社領も例外ではなかったのだろう。そこで禅能を救うべく出されたのがこの文書である。

ここで義持は、債権者の手に渡っている北野社領を社家である禅能の手にもどすこと、禅能の債務については相手がいかなる権門勢家であっても五年間返済を猶予すること、ただしその五年をすぎたのちは総額一〇〇〇貫文を毎年二

▼モラトリアム　債務の履行を停止または延期する措置。支払猶予。

〇〇貫文ずつに分割して返済すること、の三点を指示している。禅能にモラトリアム▲を認めた一種の徳政令《とくせいれい》とよんでよいものだが、ここでの関心から注目されるのは、禅能の全盛期ともいうべき義持時代に、早くも彼は一〇〇〇貫文、現在の金額にして一億円にもおよぶ債務をかかえ、その返済に充てるために一部の所領を債権者の手に委ねざるをえない状態におかれていたという事実である。最初に『御前落居記録』第一六項を読んだ印象では、義持というパトロンを失ったことが借金生活に転落するきっかけかとも思えたのだが、それはまったくの予断だったことになろう。

そうなると、正長《しょうちょう》二(一四二九)年八月に禅能・禅芸《ぜんげい》父子が北野社領河内国八ケ所を河内国守護代《しゅごだい》の遊佐国盛《ゆさくにもり》▲に預けようとしたさいに問題となった「当所の内借物に入れ置く在所」(『北野社家日記7』三三ページ)も、同年十一月に根本中《こんぽんちゅう》堂閉籠衆《どうへいろうしゅう》▲が、山門延暦寺《さんもんえんりゃくじ》の財源である日吉二宮上分物《ひえにのみやじょうぶんもつ》▲から多額の借金をしているとして禅能を告発しているのも(同三五ページ)、いずれも義教時代の債務ではなく、義持時代のそれをさしているのかもしれぬ。

それにしても、義持からあれほどの厚遇をうけながら、禅能はなぜ多額の借

▼**遊佐国盛**　?〜一四四〇年。三管領家の一つ畠山《はたけやま》家の重臣で、満家《みついえ》・持国《もちくに》の二代に仕えた。

▼**根本中堂閉籠衆**　延暦寺が嗷《ごう》訴《そ》をおこすさいには、僧侶の代表者が特定の堂舎に閉籠して集会を開き、衆議事書とよばれる決議文を作成して幕府に送りつけるのが一般的なやり方であった。彼らは閉籠した堂舎によって根本中堂閉籠衆、西塔院閉籠衆などとよばれた。

▼**日吉二宮上分物**　日吉社は滋賀県大津市坂本に所在する比叡山《ひえいざん》の守護神。二つの本宮《もとみや》があり、西本宮を大宮《おおみや》、東本宮を二宮と称した。延暦寺が建立されると天台《てんだい》宗《しゅう》の守護神にもなった。日吉社領や日吉神人から日吉社に上納された年貢や税は上分物とよばれ、山門の金融活動の資本として運用された。

金を背負いこんでしまったのだろうか。ほんとうのところはよくわからない。ただ、もし禅能が単純な浪費家でなかったとすれば、その原因は義持のたびかさなる来訪そのものにあったとも考えられる。義持の来訪は、たしかに禅能に多くの見返りを与えはしたけれども、将軍を迎えるとなれば粗略に扱うわけにもいかぬから、高価な引出物や莫大な接待費が禅能の家計を圧迫したとしても不思議はない。

また多くの北野社領を手中にしたことも、かえって禅能の負担を増大させたかもしれぬ。というのも、義務や負担が土地に付随して存在していたのが中世社会の大きな特徴だからである。神社の造営費は造営料所《りょうしょ》▲を支配している者が出し、祈禱費《きとう》は祈禱料所▲を支配している者が出す、それが中世社会の原則だったから、多数の料所を支配する者は、結果的に背負いこむ負担も増大する。もちろん料所からの年貢《ねんぐ》収入が安定していれば問題はおこらないが、ひとたび全国的な干水損にでも見舞われようものなら、一気に破産してしまう恐れもあった。稼げば稼ぐほど出てゆくものも増えてゆく、禅能がそういうジレンマに陥っていた可能性もけっしてないとはいえまい。

▼造営料所・祈禱料所　寺社領は各所領ごとに年貢の用途が決められていることが多く、これを料所と称した。年貢が造営費に向けられる所領であれば造営料所、祈禱費に向けられる所領であれば祈禱料所とよばれた。

●北野社の組織

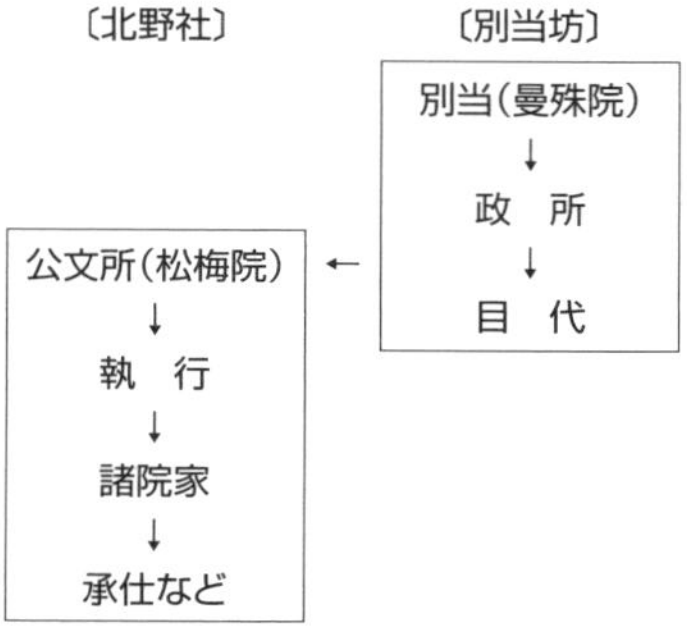

禅能の失脚

四代将軍義持は、ついに後継将軍を指名することなく、応永三十五(一四二八)年正月に没した。幕閣《ばっかく》たちはやむなくくじ引きによる将軍選びという前代未聞の方法をとり、その結果、義持の弟義教が六代将軍に選出されたことは周知のとおりである。けれども、このような異常な経緯で将軍に選ばれたことは、義教にとって拭いがたいコンプレックスとなった。そして自分を後継者に指名しなかった兄義持に深い遺恨をいだくのである。

義教の恨みは義持の寵愛をえていた者たちにも向けられ、禅能への圧迫も正長元(一四二八、四月改元)年六月ごろはじまった。この月、義教は禅能の住坊に代始めの渡御《とぎょ》をおこなうが、その直後から禅能を相手どった訴訟があいついでおこるのである。この日、義教と禅能のあいだに何があったかについては、当時の史料も一様に沈黙していてはっきりとはわからない。しかし当時は誰かが失脚すると、その失脚者を相手どった訴訟が一気に噴出するのが常だったから、そこから類推すれば、この渡御のさい――おおかた義教が言いがかりをつけたというのが真相だろうが――禅能に何らかの粗相があったのではないかと思われる。

この日から禅能への訴訟攻勢がはじまった。六月にはまず近江国建部社惣官《そうかん》禰宜直行《ねぎなおゆき》が同国建部下荘《しものしょう》▲等にたいする禅能の押領を訴え(『北野社家日記7』一二ページ)、八月には三井寺《みいでら》と南禅寺慈聖院《なんぜんじじしょういん》▲がそれぞれ加賀国福田《ふくだ》荘、河内国八ケ所内島頭《しまがしら》▲をめぐって禅能を訴えている(同六、九ページ)。また同じ年、河内国善成寺《ぜんじょうじ》▲も同国八ケ所内上田《うえだ》郷広川《ひろかわ》をめぐる裁判で禅能に勝訴しているが、禅能は後年このときのことを振り返って「義教ににらまれていたころのことだから、勝てる余地はなかった」と語っている(同二二一ページ)。このような禅能にたいする訴訟攻勢は永享《えいきょう》四(一四三二)年ごろまで続くが、押し寄せる原告たちのなかでも禅能にとって最大の強敵は山門延暦寺であった。

禅能と山門とのあいだには義持時代以来の深い確執があった。北野社の門前《もんぜん》である西京には、北野社に属して麴製造業にたずさわっていた西京神人とよばれる人びとが居住していた。彼らは北野社の保護のもとで以前から営業税免除の特権を認められていたが、義持時代になると、義持と禅能との親密な関係を頼んで、京都における麴業の独占を企てるようになった。当時は西京神人以外

▼**近江国建部下荘**　現滋賀県東近江市。

▼**南禅寺慈聖院**　南禅寺は至徳《しとく》三(元中《げんちゅう》三＝一三八六)年に五山の上に列せられた臨済宗南禅寺派の総本山《そうほんざん》で、京都市左京区南禅寺福地《ふくち》町に所在。慈聖院はその塔頭《たっちゅう》で開山は南禅寺三十五世龍湫《りゅうしゅう》周澤《しゅうたく》。明治初年に廃絶した。

▼**河内国島頭**　現大阪府門真《かどま》市上《かみ》島頭・下《しも》島頭付近。

▼**善成寺**　中世、河内国広川(現大阪府南河内郡河南《かなん》町弘川《ひろかわ》)に所在した真言宗寺院。現在は廃寺。

にも麹業を営む者は大勢いた。とくに京都の酒屋・土倉《どそう》はそれぞれに麹室《こうじむろ》をもち、酒造に必要な麹を自給する者が多かったが、応永二十六(一四一九)年九月、西京神人の訴えをうけた義持は、京都の酒屋・土倉が麹室を設けることを禁止し、西京神人による麹業の独占を認めたのである(『北野天満宮史料　古文書』七号)。この年の九月から十一月にかけて京都の酒屋・土倉が麹製造の放棄を誓って提出した請文《うけぶみ》が現在五二通残されており(同一〇〜六一号)、それらによって、このとき京都中の酒屋・土倉で徹底的な麹室の破却がおこなわれたことがわかっている。

先述したとおり、この決定は義持の北野参籠中に出されたものであり、そこには禅能の強い働きかけがあった。ところが当時、京都の酒屋・土倉の多くは山徒によって占められていたから、この一件は彼らの保護者をもって自任していた山門をおおいに刺激したにちがいない。しかも禅能の属する北野社も同じ山門の末社《まっしゃ》であり、山門曼殊院《まんしゅいん》▲門跡《もんぜき》を別当《べっとう》と仰いでいたから、禅能の行為は、山門の目にはまさに裏切りと映ったことだろう。

北野社西京神人による麹業の独占は、酒屋・土倉以外にも影響を与えた。応

▼**曼殊院**　山門延暦寺の門跡寺院。竹内《たけのうち》門跡とも称する。寺地ははじめ洛北《らくほく》の北山《きたやま》にあったが、義満の北山亭造営にともなって土御門内裏《だいり》の近辺に移され、次いで江戸時代に現在地の京都市左京区一《いち》乗寺《じょうじ》竹ノ内町に移った。門主《もんしゅ》は代々北野社の別当を兼ねた。

●──馬借(『石山寺縁起絵巻』)

永三十三(一四二六)年六月には、京都の酒屋・土倉が麴製造を禁止されたために原料米の価格が暴落したとして、近江米を商っていた近江坂本《さかもと》の馬借《ばしゃく》が京都に乱入する事件がおこるが、禅能の住坊を襲撃するという当初の目標は、幕府軍の厚い守りの前に阻まれた(『兼宣公記《かねのぶこうき》』同月八日条)。麴業の独占と米価の下落とのあいだに実際に因果関係があったかどうかはかなり疑わしいが、ここで重要なのは、坂本の馬借がまたしても山門支配下の人びとであった事実である。この事件が禅能と山門との亀裂をいっそう深めたことだけはまちがいない。

しかしさすがの山門も、義持の存命中は手出しができなかった。だから義持が没して義教が家督《かとく》を継ぐと、山門はそれまでの鬱憤《うっぷん》を一気に晴らすかのように禅能を責め立てたのである。正長元年八月二十七日付の山門西塔院《さいとういん》閉籠衆衆議事書《ことがき》(『北野社家日記7』二〇ページ)は、禅能の罪状として次の五ケ条を列挙している。

①末社の社官《しゃかん》でありながら門跡並みに綱所《こうしょ》▲を建てた。
②本来曼殊院門跡の所管である北野社政所《まんどころ》職を押領した。
③年貢めあてに北野の芝を打ち開き、耕地化した。

▼綱所　僧正《そうじょう》・僧都《そうず》・律師《りっし》などの僧官《そうかん》（上級僧侶）が出仕する広間。通常は門跡寺院のみが付設を許された。

●青蓮院門跡の綱所（左上の一室）　天台宗典刊行会編『天台宗全書　華頂要略《かちょうようりゃく》』巻第3下による。

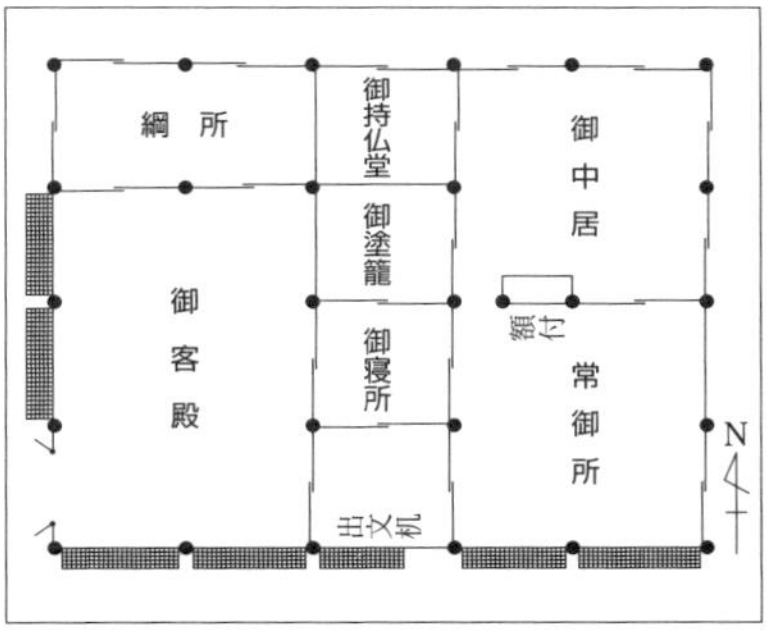

④北野社外郭《がいかく》に大堀を築くなどして要害化した。

⑤京都の土倉がおこなっていた麴業を、先例と号して禁止したうえ、起《き》請文《しょうもん》まで書かせた。さらに連署状を捏造《ねつぞう》して山門の下知《げち》と偽った。

事書は、①と④については施設の破却を、②については曼殊院門跡への返還を、③についてはもとの荒野にもどすことを、⑤については連署状の返還を、それぞれ禅能に求めている。このうち⑤は応永二十六（一四一九）年の一件をさしており、起請文とはそのとき京都の酒屋・土倉が提出した請文のことだろう。さらに禅能が捏造したという連署状とは、すでに太田順三が指摘しているように、『北野社家日記7』二五〜三一ページに収められた応永二十七（一四二〇）年閏正月十一日十禅師《じゅうぜんじ》彼岸《ひがん》三塔《さんとう》集会《しゅうえ》事書をさしているとみられるが、西京神人の麴業独占を追認したその内容は明らかに山門の意に反しており、山門の告発どおり禅能による捏造の疑いが濃い。酒屋・土倉の抵抗を封じるための切り札として偽造されたものだろう。

以上のような山門側の攻勢にたいし、北野社西京神人も正長元年八月二十八日夜、北野社への閉籠という強硬手段に出、その結果、九月十八日付で幕府から酒麹業安堵の管領奉書(『北野天満宮史料　古文書』六三号)を引き出すことに成功する。が、禅能自身は義教から西京神人との共謀を疑われて、その心証を著しくそこねてしまい、その後も義教からさまざまな嫌がらせをうけたすえ、永享二(一四三〇)年のおそらく六月に将軍家御師を解任されている。『御前落居記録』第一六項はその半年後におきた裁判であり、これまでの流れからみれば、これもまた禅能の失脚にともなう訴訟攻勢のひとつに数えられよう。

将軍家御師解任後の禅能は、それから約一〇年間の雌伏《しふく》を強いられたが、永享十二(一四四〇)年三月になって息子禅芸が突如社家奉行・将軍家御師に返り咲いた。ところが禅能自身は、彼の復権を嫌う義教によって、義教側近の貴族三条実雅《さねまさ》▲の所領に下向させられてしまう(『建内記《けんないき》』▲同月十二日条)。その所領がどこかは特定できていないが、ともかく禅能は息子の名誉回復と引きかえに、事実上の流罪に処せられたのである。

義教と北野社

永享三(一四三一)年七月のある日、義教は、政治顧問であった三宝院満済《さんぼういんまんさい》▲か

▼**三条実雅**　一四〇六～六四年。三条家の庶流正親町《おおぎまち》三条家の出身。中級貴族ながら、義教の寵愛をえて厖大な所領を集積した。妹の尹《ただ》子《こ》は義教の正室。

▼**『建内記』**　伝奏《てんそう》・南都《なんと》伝奏などをつとめた公卿《くぎょう》万里小路時房《までのこうじときふさ》(一三九四～一四五七年)の日記。応永二十一～康正《こうしょう》元(一四一四～五五)年の記事が断続的に残る。室町時代を代表する日記の一つ。

▼**三宝院満済**　一三七八～一四三五年。醍醐寺《だいごじ》三宝院門主。義持・義教の政治顧問をつとめ、幕《ばく》政《せい》の安定に貢献した。その日記『満済准后日記』は、当該期政治史の最重要史料。

●——北野社（『洛中洛外図屏風』）

●——表３　義教の参詣・参籠

年　　次	参　詣・参　籠
正長元(1428)年	八幡０日・北野２日
永享元(　29)年	八幡８日・北野０日
2(　30)年	八幡０日・北野１日
3(　31)年	八幡０日・北野１日・伊勢１回
4(　32)年	八幡１日・北野１日・伊勢１回
5(　33)年	八幡１日・北野６日・伊勢１回
6(　34)年	八幡０日・北野１日
7(　35)年	八幡０日・北野７日・伊勢１回
8(　36)年	八幡０日・北野７日
9(　37)年	八幡１日・北野９日
10(　38)年	八幡２日・北野10日
11(　39)年	八幡１日・北野７日
12(　40)年	八幡１日・北野７日
嘉吉元(　41)年	八幡１日・北野７日・伊勢１回

ら「北野社の事、当御代御敬神の様いささか疎《うと》く存ず。上意に懸《か》けらるべし」とたしなめられている(『満済准后《じゅごう》日記』同月二十五日条)。義教は北野社をないがしろにしているようにみえるから気をつけるように、というわけだが、満済の諫《かん》言《げん》は、禅能がほぼ同じころ「代々当社御信仰のところ、当御代において神慮衰微希代の珍事なり」(『北野社家日記7』三二ページ)と義教を批判していることともよく符合して、じつに興味深い。

実際、正長元(一四二八)年六月に代始めの渡御をおこなって以降、義教の足は北野からすっかり遠のいていた。北野ばかりではない。義教は石清水八幡宮へもほとんど顔を出さなかった。義持のときと同様、義教の八幡・北野での年間滞在日数と伊勢参宮の回数をまとめてみると、義持とのコントラストがいっそうはっきりする(表3参照)。

永享七(一四三五)年に三月の北野参籠が恒例行事となって以降は、この七日間がかならずカウントされるようになるけれども、それ以前についていえば、義教の足は八幡へも北野へもほとんど向いていないことが明白であり、とりわけ禅能が将軍家御師を解任される永享二(一四三〇)年前後の実績は惨憺《さんたん》たるものである。兄義持を嫌って、つねにその逆を宗としていた義教であってみれば、義持が好んだ八幡・北野への参籠など真っ先に捨て去るべき先例だったのだろう。

③—有徳人たちの末路

光聚院猷秀

義教《よしのり》の時代、禅能《ぜんのう》に代わって浮上してきたのが山徒光聚院猷秀《こうじゅいんゆうしゅう》である。『御前《ごぜん》落居記録《らっきょきろく》』第一六項に債務処理代行業者・債務処理請負人として登場した光聚院こそ、その人である。猷秀と禅能とのつながりについてはのちにあらためて触れるとして、ここではまず猷秀と山門《さんもん》との関係をみておこう。

義教時代の山門といえば、誰もがまず思いおこすのが永享《えいきょう》の山門騒乱である。山門の嗷訴《ごうそ》▲に端を発し、足かけ三年におよぶ幕府との抗争のすえ、山門炎上と僧侶の大量自殺という悲劇的な結末で幕を閉じたこの騒乱は、四〇〇年にわたって続いてきた嗷訴の歴史に事実上の終止符を打つ大きな出来事であったが、その原因をつくったのがほかならぬ猷秀であった。

騒乱の発端となった永享五(一四三三)年七月十九日付の根本中堂閉籠衆《こんぽんちゅうどうへいろうしゅう》衆議事書《ぎことがき》は、全一二ケ条のうちじつに四ケ条を猷秀の不正告発に割いている。彼らの主張に耳を傾けてみよう。

▼**嗷訴**　寺社が神仏の権威を背景におこす訴訟。しばしば神輿《しんよ》・神木《しんぼく》を洛中に振り入れるなどの示威行動をともなったが、嗷訴は神仏の意思と考えられていたために、世俗権力は原則的にその要求を無条件で認めなければならなかった。

第二条　幕府が宝幢院《ほうどういん》造営のために数万貫の造営費を寄進《きしん》したとき、猷秀はみずから望んで造営奉行《ぶぎょう》に任じられたにもかかわらず、一向に着工しないばかりか、造営費を着服して諸方への賄賂《わいろ》につかいこんでしまった。つかいこんだ造営費の返還とすみやかな着工を求む。

第三条　猷秀はみずから望んで山門西塔院釈迦堂《さいとういんしゃかどう》の修理料所である釈迦堂関《せき》の関務に任じられながら、破損の修理をせず、朽ち果てた柱などには墨を付けたり、赤土を塗ったりしてごまかしている。よろしく検知されたい。

第四条　猷秀は天下の大法・山門格式に背く違法な高利で諸方に貸付をおこない、借金のかたと称して、奉行と示し合わせながら諸人の所《しょ》領《りょう》・田園を押領した。

第五条　山門もすでに猷秀を破門している以上、俗名《ぞくみょう》を与えて▲斬首するつもりなので、猷秀の身柄を衆徒の手に引き渡してほしい。

第二条と第三条では猷秀の公金横領と幕府当局者への贈賄が告発されているが、一方、収賄側として告発をうけているのが将軍申次《もうしつぎ》赤松満政《あかまつみつまさ》▲(第七条)と山門

▼**俗名を与える**　仏に仕える僧侶を処刑することは憚《はばか》られたので、僧侶の処刑は、俗名を与え、つまり俗人にもどしてから執行された。

▼**赤松満政**　?～一四四五年。義教時代、将軍への取り次ぎを担当する将軍申次として権勢を振るったが、義教の死後、山名持豊《やまなもちとよ》との抗争に敗れ、文安二(一四四五)年摂津《せっつ》国有馬《ありま》郡で討死。

奉行飯尾為種《いのおためたね》（第九～一二条）の両名であり、飯尾為種については猷秀と同じく山門への身柄引渡しを、赤松満政については遠流《おんる》を幕府に要求している。いずれにせよ、今回の嗷訴の主な目的が猷秀の追い落としにあったことはまちがいなく、しかもこの嗷訴が山門騒乱の発端となった以上、やはり猷秀こそが山門滅亡の元凶だったといわざるをえない。

そもそも猷秀が幕府によって帰山を許されたのは、この嗷訴をさかのぼること二年前、永享三（一四三一）年九月のことであった（『御前落居奉書』五五号）。このとき帰山を許されたということは、これ以前、彼が何らかのトラブルをおこして、山門からしばらく離れていたことを物語るが、正長《しょうちょう》元（一四二八）年におきた山門嗷訴のさい、幕府が裁許した項目のなかに、詳細は不明ながら西塔関と宝幢院造営の問題が含まれており（『満済准后日記《まんさいじゅごうにっき》』同年九月十日条）、これが右の第三条と第二条にそれぞれかかわるとすれば、猷秀が山門を去ったのはこのときかもしれない。猷秀はたぶんこのとき、今回とほとんど同じ理由で西塔関務と宝幢院造営奉行を一度解任されたのだろう。

猷秀は、帰山の一ケ月後には山門西塔院二季講《にきこう》領近江国《おうみのくに》普光寺《ふこうじ》奉行職の再領を許され(『御前落居奉書』六四号)、また翌年七月には坂本西塔関の再領も許されているが(同八三号)、第三条にみえる釈迦堂関とはこの関をさしているとみてよい。正長元年九月の解任以来、三年ぶりの返り咲きである。第二条と第三条は、いずれも猷秀が山門の造営・修理に深くかかわっていたことを示しているが、かりにそれが山門の批判どおり汚濁《おだく》に満ちたものであったとしても、彼が経営に長《た》けた人物であったことは否定できまい。造営・修理事業で期待されるのは何よりも資金調達の能力であり、そのあたりが第四条にみえる高利貸活動ともかかわってくるのだろう。太田順三が、猷秀を「その金融業務の活動によって頭角をあらわして来た」と評しているのはおそらく正鵠《せいこく》を射ている。

第四条は猷秀の違法な高利貸活動を激しく批判するが、この問題と直接かかわるのが次の文書である。

(花押影)

一　光聚院猷秀申す借物の事、当年中に弁済せしめ、その左右を申すべし。もし難渋《なんじゅう》あらば、所帯の土貢《どこう》をもって彼の弁に付けらるべきの由、仰せ出され候なり。よって執達件《しったつくだん》のごとし。

為行《ためゆき》
貞元《さだもと》
秀藤《ひでふじ》

永享三年
十一月八日

坂本
宝福寺

（『御前落居奉書』六八号）

猷秀の訴えをうけた幕府は、坂本宝福寺《さかもとほうふくじ》にたいし、年内に猷秀への債務を弁済することと、弁済後、幕府に報告することを命じたうえで、もし報告がなければ、所領の年貢《ねんぐ》をもって弁済に充てる措置をとると通告している。同文の文書は、坂本宝福寺のほか、坐禅《ざぜん》院・上林《じょうりん》坊・杉生《すぎう》坊・行寿《ぎょうじゅ》坊・成願《じょうがん》坊・円城《えんじょう》坊・真乗《しんじょう》坊・善勝《ぜんしょう》坊・喜楽《きらく》坊・前樹下《さきのじゅげ》殿・三井寺《みいでら》上光《じょうこう》坊・賀茂西《かもにし》殿らにもいっせいに出されており（同六九号）、復権した猷秀がその勢いに乗じて一気に債権回収をはかろうとしたことがわかる。幕府も翌年六月、予告どおり報告を怠った者の質券を猷秀に引き渡す手続きをとっており（同七八号）、断固たる姿勢で債務者に臨んだ。

　しかし見逃せないのはその債務者の顔ぶれである。坐禅院・上林坊・杉生坊・成願坊は山徒であることがわかっており、前樹下殿も山門の鎮守日吉社《ちんじゅひえしゃ》の神官である。また坂本宝福寺もおそらく山門の末寺《まつじ》であろう。三井寺上光坊と賀茂西殿だけはその肩書から山門関係者でないことがわかるが、肩書のないその他の債務者たちはいずれも山徒である可能性が高い。つまり猷秀の金融活動は、同僚である山門関係者を主なターゲットにしていたのである。山門にしてみれば、仲間を食い物にした極悪人を許せないのは当然だろう。それが第四条の背景であった。債務者のうち坐禅院珍全《ちんぜん》と杉生坊暹賢《せんけん》の二人がやがて永享の山門騒乱に身を投じてゆく経緯をみても(杉生坊はのちに離脱)、猷秀の金融活動が山門に与えた打撃は予想以上に深刻なものだったにちがいない。

永享の山門騒乱

光聚院猷秀・飯尾為種両名の身柄引渡しと赤松満政の遠流を求めた山門の要求にたいし、将軍《しょうぐん》義教はかたくなにこれを拒みつづけたが、幕閣《ばっかく》らによる山門側との粘り強い交渉の結果、光聚院猷秀と飯尾為種については流罪《るざい》、赤松満政については罪を問わないことで、何とか妥協がはかられることになった。山門側は、猷秀の流罪については最後まで難色を示しつづけたが、幕府は一方的に流罪を執行してしまうことでこれを乗り切ったのである。

飯尾為種はただちに尾張《おわり》に下国《げこく》したが、猷秀の下国先はなかなか決まらなかった。義教は当初、斯波《しば》家の分国越前《ぶんこくえちぜん》を下国先と決め、猷秀の身の安全をはかるために越前国守護代《しゅごだい》の甲斐将久《かいゆきひさ》▲に護衛を命じたが、甲斐が「越前では山門に近すぎて、およそ流罪とは程遠い実態が山門側に露顕してしまう」と強く反対したため、義教も撤回せざるをえなかった。次に管領細川持之《かんれいほそかわもちゆき》▲の分国丹波《たんば》が候補地にあがったが、管領が「流罪の体裁を整えたいのなら、同じ細川家分国でも四国のほうが流罪らしくみえる」と進言したため、義教もこれを聞き入れて、ようやく四国(おそらく讃岐《さぬき》)に決まった(『満済准后日記』永享五年閏七月二十五日条)。

以上の経緯をみれば明らかなように、流罪とは名ばかりで、猷秀も飯尾為種もほとぼりが冷めるまで身を隠しただけの話である。猷秀については不明だが、飯尾為種は翌年四月には京都に復帰しているから、猷秀もほぼ同じころ京都に舞いもどったものと思われる。

▼**甲斐将久**　?〜一四五九年。三管領家の一つ斯波家の重臣で、越前・遠江《とおとうみ》の守護代をつとめた。出家して常治《じょうじ》と名乗る。その権勢は主家をしのぎ、のちに斯波義敏《よしとし》と対立して斯波家の弱体化を早めた。

▼**細川持之**　一四〇〇〜四二年。三管領家の一つ細川家の当主。満元《みつもと》の子。摂津・丹波・讃岐・土佐《とさ》の守護。

▼**青蓮院**　京都市東山《ひがしやま》区粟田口《あわたぐち》に所在。梶井《かじい》(梨本《なしもと》)門跡・妙法院《みょうほういん》門跡とならぶ山門三門跡の一つ。歴代門主には『愚管抄《ぐかんしょう》』の作者慈円《じえん》や書道の尊円法親王《そんえんほっしんのう》がいる。

●──延暦寺根本中堂（滋賀県大津市）

先ほどみたように、猷秀は帰山早々幕府から手厚い保護を与えられた。その背景には山門が批判するような飯尾為種や赤松満政との癒着もたしかにあったのかもしれないが、ただ右の流罪一件で義教が猷秀に示した気のつかいようは尋常でなく、義教自身の寵愛もかなりのものであったことがうかがわれる。それはかつて義持《よしもち》と禅能とのあいだに築かれていた関係ときわめて近いものであったろう。ここで想起されるのは、義教がくじ引きで将軍に選ばれるまで山門三門跡《さんもんぜき》のひとつ青蓮院《しょうれんいん》▲の門主《もんしゅ》であった事実である。青蓮院時代の義教は義円《ぎえん》と名乗り、山門のトップである天台座主《てんだいざす》までのぼりつめた。義教と猷秀はそのころからの知音《ちいん》だった可能性もあろう。

とにかく猷秀らの流罪によっていったんは沈静に向かった山門の嗷訴であったが、その後も嗷訴首謀者の処罰問題や義教にたいする呪詛《じゅそ》問題などをめぐって山門は再々嗷訴をくりかえし、最終的には永享七（一四三五）年二月、降伏した嗷訴首謀者たちを幕府がだまし討ちにしたことをきっかけに、多数の僧侶が根本中堂等に火を放って自害するという悲劇的な幕切れとなった。

永享の山門騒乱についてはすでにいくつかの専論があるから、詳しくはそちらに委ねるとして、問題は猷秀である。流罪後の猷秀の動静は杳《よう》として知れない。自分のせいで山徒たちが次々と命を落としてゆくさまを、彼はどのような心境でながめていたのだろうか。その後の猷秀についてわずかに重い口を開くのが、伏見宮貞成親王《ふしみのみやさだふさしんのう》の日記『看聞日記《かんもんにっき》』▲永享七年九月十四日条である。「そもそも光照院今朝逐電《ちくでん》と云々。また山徒二人召し捕らる」というごく短い記事だが、貞成は別のところでも光聚院を「光照院」と書いているから、この日逐電した「光照院」も光聚院猷秀その人とみてよい。

山門炎上から半年後、猷秀が出奔《しゅっぽん》を余儀なくされたのはなぜだろうか。同じ日に逮捕されたという二人の山徒については、山門の残党とも、また猷秀の与党とも解釈できるが、もし後者だとすれば、山門の残党狩りが一段落したところで、騒乱の根本的な原因をつくった猷秀側の責任がようやく問われはじめたということだろうか。これほどの大騒動に発展した以上、さすがの義教も猷秀を無傷のまま放置しておくわけにはいかなくなったのだろう。猷秀はそういう風向きの変化をいち早く察知して逮捕直前に逃走した。私はそのように推測する。

▼『看聞日記』　後花園《ごはなぞの》天皇の実父伏見宮貞成親王（一三七二～一四五六年）の日記。一部に欠もあるが、応永《おうえい》二十三～文安五（一四一六～四八）年の記事が残る。芸能や巷説《こうせつ》への関心が高く、当該期の文化・社会を知るうえでの一級史料。

西室大夫見賢のこと

時の将軍と癒着して露骨な蓄財に走るが、その癒着があまりにも深すぎたために、ひとたび将軍が心変わりをおこしたり、まして交代でもしようものなら、いともあっけなく破滅してしまう。禅能も猷秀もこの点ではまったく同じタイプに括れる。

このような人間類型は当時けっしてめずらしくなかった。たとえば東大寺《とうだいじ》の西室大夫見賢《にしむろだゆうげんけん》もそのような一人である。後年、幕府奉行人飯尾為種が「永享十二年ごろは東大寺西室同宿ゆえ、大夫得業《とくごう》見賢、上意〈普広院殿《ふこういん》〉に相叶い、権威を振るい、南都《なんと》の事所存に任せて窮《きわ》まりなく申し成すの時節か」(『建内記《けんないき》』文《ぶん》安《あん》四〈一四四七〉年九月一日条)と回想しているように、見賢は光聚院猷秀よりややおくれて義教(「普広院殿」)の寵愛をうけるようになり、永享十二(一四四〇)年ごろには義教に取り入って幕府に東大寺びいきの政策をとらせたとして、東大寺と対立する興福寺《こうふくじ》の恨みを買った。嘉吉《かきつ》元(一四四一)年六月にも見賢は義教にねだって仁和寺《にんなじ》領越前国河北荘《かわきたのしょう》▲代官《だいかん》職に任じられたりもしているが(同、同月十九日条)、その直後の六月二十四日に嘉吉の変▲がおきて義教は殺害されて

▼**越前国河北荘**　現福井県坂井《さかい》市付近。

▼**嘉吉の変**　有力守護赤松満祐《みつすけ》の子教康《のりやす》が義教を京都の自邸に招いて暗殺した事件。満祐・教康父子は同年九月に播磨《はりま》で討たれるが、彼らの討死までを含めて嘉吉の乱とよぶこともある。

▼『大乗院日記目録』 興福寺大乗院門主尋尊《じんそん》が大乗院に伝わる歴代の記録等をもとに抄出した年代記。治暦《じりゃく》元～永正《えいしょう》元(一〇六五～一五〇四)年の記事を収める。

しまう。

そのとき京都にいた見賢は、身の危険を感じたのか、翌二十五日に京都を離れて南都へ下ったが(『大乗院日記目録《だいじょういんにっきもくろく》』▲同日条)、南都でも彼に恨みをいだく興福寺勢が手ぐすねひいて待ちうけていた。同二十九日、興福寺勢は東大寺を攻撃し、その結果、見賢の主人である東大寺別当公顕《べっとうこうけん》は逃走、見賢も行方不明となった(同、同日条)。興福寺勢は見賢の住坊《じゅうぼう》を焼き払ったうえ、見賢が奈良中諸所に預けていた財産を捜索、没収したが、その額は銭《ぜに》が一万四四二五貫文、米が二〇〇〇石におよんだという(同、七月十日条)。見賢はさらに京都や坂本にも十余万貫、現在の金額にして一〇〇億円以上の財産を預けていたといわれるが、以下に紹介する管領細川持之の発言などをみると、これもあながち誇張とはいいきれない。

その後見賢は京都に舞いもどり、幕府に身を寄せていたらしく、七月下旬、それを聞きつけた興福寺は幕府に訴状を提出して、見賢の身柄引渡しを求めている(『建内記』同月二十六日条)。興福寺の要求にたいし、管領細川持之は次のように回答した。「貴寺が見賢の住坊を焼き払ったことには目をつぶろう。ただし見賢には幕府の公金六万貫が預け置かれているから、それを散逸させないようにしてほしい。それに見賢といえば、義教がことのほか目をかけてきた人物だから、いまさらその身柄を引き渡すなど思いも寄らぬことだ」。管領は見賢の身柄引渡しをきっぱりと断ったわけだが、ここでむしろ注目したいのは、見賢に六万貫にもおよぶ幕府の公金が預け置かれていたという点である。

室町幕府は独自の官庫《かんこ》をもたず、財産の保管から出納業務にいたるまでのすべてを民間の土倉《どそう》に委ねていたことが知られている。このような土倉を公方御倉《くぼうおくら》というが、これには主に京都在住の山徒の土倉が任じられた。したがって、見賢のような存在を公方御倉そのものとみなすわけにはいかないが、狭義の公方御倉の外延には幕府から同様の機能を期待された金融業者が何人かおり、それがたとえば南都においては見賢であり、北嶺《ほくれい》においては光聚院猷秀であったと考える余地はあろう。彼らに預けられた公金の性格については、寺社に寄進される予定の造営料等が当座に預け置かれていたものとも考えられるし、あるいは当初から利殖を目的として彼ら金融業者に運用を任せていたとも考えられるが、現存史料からだけでは何とも判断しかねるというのが正直なところだ。

この六万貫は結局行方不明になった。興福寺は管領にたいし、「たぶん混乱のなかで取り散らされてしまったのだろう」と回答したが、興福寺はその年の十一月ごろまで見賢の隠し財産の捜索を続けている(同、同月二日条)。彼らがはたして六万貫を探しあてたかどうか、それも結局はわからずじまいである。

以上、松梅院《しょうばいいん》禅能・光聚院猷秀・西室大夫見賢と三人の僧侶についてみてきたが、彼らがいかによく似た存在であったかがあらためて浮き彫りになったはずである。くりかえしになるが、彼らはいずれも時の将軍と癒着して、周囲との摩擦も省みず、ひたすら蓄財に走った。しかも将軍の心変わりや急死によって、いともあっけなく破滅してしまったパターンまで一緒である。当時の破産者がすべてこのパターンに納まるというわけではもちろんないが、ひとつの典型を示しているとはいえそうである。もっとも没落する以前から借金まみれだった禅能と、没落する直前まで相当な資産を維持していたと思われる猷秀・見賢とでは多少の違いもあろうが、その差は案外紙一重だったようにも思える。そのような危うさ自体がまた彼らの共通点なのではなかろうか。

④——金融ネットワーク

直列型・並列型・複合型

このあたりで松梅院禅能《しょうばいいんぜんのう》の債権者たちのほうに目を移してみよう。

先に禅能の借書《しゃくしょ》が金融業者間を転々流通してゆく状況をみたが、その背景には金融業者相互間の貸借関係、いいかえれば金融ネットワークが存在したと考えることができる。一口にネットワークといっても、提携関係に近い継続的な結びつきもあったろうし、ひとつの取引が済めば解消されてしまうような一回的な結びつきもあったろう。また金融業者相互の関係に注目したばあい、一人の金融業者の背後に別の金融業者がおり、その背後にさらに別の金融業者がいるという具合に、金融業者どうしが直列的に連結しているケースと、そうではなく、複数の金融業者が並列的な関係に立って直接顧客と対峙しているケース、たとえば共同融資しているようなケースの二つの形態が想定されよう。かりに前者を直列型、後者を並列型とよぶとすれば、それぞれは次のような図式にあらわせる。

〔直列型〕

顧客←金融業者A←金融業者B←金融業者C

〔並列型〕

顧客↖金融業者A
顧客←金融業者B
顧客↙金融業者C

この図式を使って先ほどの『御前落居記録《ごぜんらっきょきろく》』第一六項の貸借関係を整理すると、禅能自身は直列型と証言したのにたいし、幕府はそれを否定して尾張房《おわりぼう》と阿弥《あみ》陀坊《だぼう》のあいだに並列的な関係を認めた、つまり全体的には直列型と並列型の複合型と認定したことがわかるだろう。あらためてこれを図示すると、次のようになる。

〔複合型1〕

顧客↖金融業者A←金融業者B
顧客↙金融業者C←金融業者D

貸借の実例をみてゆくと、このような複合型が案外多いことに気づかされる。しかもこの複合型にもさまざまなパターンがあったので、そのあたりをいくつかの具体例に即してみてゆこう。

「土倉寄合衆」

複合型の債務処理が問題となった事件としてよく知られているものに、建治《けんじ》三(一二七七)年から翌弘安《こうあん》元(一二七八)年にかけて、祇園社感神院《ぎおんしゃかんしんいん》領備前《びぜん》国可真《かま》郷▲免田《めんでん》の所有権をめぐって争われた裁判がある(『鎌倉遺文《かまくらいぶん》』一二一三七、一二九七〇、一三〇三九、一三〇四一、一三〇四二、一三〇六五号、他)。

可真郷の領主であった聖深《しょうじん》が弟子の淳弁阿闍梨《じゅんべんあじゃり》に可真郷を譲与したのは建治元(一二七五)年十一月のことであった。可真郷の権利証文も当然淳弁に帰属するはずであったが、聖深から証文類の保管を命じられていた使用人の重光《じゅうこう》法師が、文永《ぶんえい》九(一二七二)年に私用で経観房《きょうかんぼう》から銭一〇貫文を借りうけたさい、保管していた証文類をひそかに質に入れてしまっていた。しかも重光はこの借金を返済できなかったために、債権者たちのあいだで質物の分配がおこなわれ、

▼**備前国可真郷**　現岡山県赤磐《あかいわ》市。

その結果、可真郷の権利証文は債権者の一人誓智《せいち》のものとなった。誓智は建治二(一二七六)年九月にこの証文をさらに超舜《ちょうしゅん》阿闍梨に譲渡し、この譲渡をうけて超舜が可真郷現地に乗りこもうとしたところで、淳弁が超舜の土地取得を無効とする訴えをおこしたのである。念のため、可真郷の権利証文の流れを整理すると次のようになる。

聖深→重光法師→経観房→誓智→超舜阿闍梨

この裁判は本所《ほんじょ》である祇園社の法廷で争われたが、最大の争点は、誓智が質物を超舜に譲渡した行為が合法か違法かという点にあった。超舜はその行為の合法性を主張したが、祇園社から問い合わせをうけた明法博士《みょうぼうはかせ》中原明盛《なかはらのあきもり》・大《だい》判事《はんじ》坂上章澄《さかのうえののりずみ》▲が律令法《りつりょうほう》を根拠に違法と答申したことから、祇園社は超舜の土地取得を無効と宣言した。ただし明法家も祇園社も、誓智が重光にたいしてもっていた債権の存在までは否定していない。誓智は質物の処分を封じられながらも、重光にたいする債権は失わなかったのだ。

この点に注目したのが本書の冒頭で紹介した井原今朝男の研究である。とくに井原は、淳弁が「たとえ利息の額が元本の額を超えたとしても、債務者が同

▼明法博士中原明盛・大判事坂上章澄　法家《ほうか》・明法家などとよばれた律令法の専門家で、十一世紀以降は中原・坂上両氏が世襲的にその知識を伝えた。彼らは明法博士や大判事などの官職を帯び、法曹官僚として朝廷《ちょうてい》訴訟にかかわったほか、諸人からの私的な諮問にも応じた。

意しないかぎり証文を他人に譲渡できないのが『質券の習い』だ」と発言していることに着目し、これこそが中世社会のルールであったと考えたのである。井原説の成果と問題点については本書の冒頭でも述べたので、ここでは金融ネットワークという観点から、もう少しこの事例をながめてみたい。ここには次に示すような、もうひとつの複合型があらわれる。

〔複合型2〕

顧客←金融業者A←金融業者B
　　　　　　　←金融業者C
　　　　　　　←金融業者D

右の事例でいうと、顧客にあたるのが重光法師、金融業者Aが経観房、そして金融業者B～Dのうちの一人が誓智である。誓智から質物の譲渡をうけた超舜も金融業者であった可能性があるが、ひとまず除いておこう。

ここで問題となるのは金融業者Aと金融業者B～Dとの関係である。右の裁判では、誓智（B～D）から超舜への質物譲渡があれほど問題にされたのに、経観房（A）から誓智（B～D）への譲渡については、その是非がほとんど問われていない点に注意しなければならない。その理由は、経観房(A)が自立した法人格・経営主体ではなかったことに求められる。経観房(A)は誓智をはじめとする真のオーナーたち(B～D)から実務を任されていただけの、いわば雇われ店長にすぎなかったのである。

このことを、右の史料を使ってはじめて明らかにしたのは下坂守である。下坂は当時の呼称にしたがって経観房のようなマネージャーを「蔵預《くらあずかり》」または「土《ど》倉沙汰人《そうさたにん》」とよび、誓智ら真のオーナーたちを「土倉主」または「土倉本主」とよんだ。中世の土倉はすべてが単独の大資本によって経営されていたわけではなく、そのなかには、このような共同出資によって経営されていた土倉も少なからず含まれていたのである。そのことを発見した下坂の研究は、それまでの土倉のイメージを一変させた画期的な仕事であった。

この「土倉主」たちは、債務不履行という事態にさいし、それぞれの債権額に応じて質物を分配するという秩序立った行動をとっている。彼らは孤立した債権者たちではなく、一個の債権者団体として事態に対処していたのである。この団体は史料中、「土倉寄合衆《よりあいしゅう》」またはたんに「一衆《いっしゅう》」とよばれている。井原は「土倉寄合衆」を土倉の同業組合と解釈しているが、債権者でもない組合員が質物の分配にあずかるというのは明らかにおかしい。すでに下坂が的確に述べているように、これは経観房の土倉にたいする出資者団体、もしくは重光にたいする債権者団体（つまり金融業者B～D）と考えねばならない。

ただし、債務不履行に直面した債権者たちが、いつでもこのような協調的な振舞をするとはかぎらなかった。利害関係からいえば、彼らは相互に敵対的な関係にあるわけだから、他の債権者に奪われる前に何とか自分の債権だけは回収したいと願うのも人の常だろう。債権者がそのような利己心の赴くまま抜け駆けに走ったケースや質物の分配をめぐって裁判に発展したケースもけっして少なくない。それは現代とて同じことだろう。だが、そのようなトラブルをまのあたりにすればするほど、「土倉寄合衆」の秩序立った行動がますます際立ってくるのも事実だ。このような共同出資による土倉経営のあり方はその後どのように変化していったのか、下坂の研究に導かれながら、もう少し追いかけてみたい。

不良債権問題

久々に『御前落居記録』にたちもどろう。永享《えいきょう》三(一四三一)年十二月二十七日の日付をもつ第四九項は、室町時代の土倉経営の内実がわかる数少ない貴重な史料である。本件には「鷹司《たかつかさ》高倉《たかくら》土倉本主祐言《ゆうごん》と蔵預円憲《えんけん》と相論する当所納物《のうもつ》の事」という標題が掲げられているが、一言でいうと、「土倉本主」である祐言が伯父で「蔵預」の円憲を横領のかどで訴えた裁判である。

祐言の訴状によれば、鷹司高倉の土倉は祐言の亡父円念《えんねん》が開業したものであった。この土倉の資本金(「納物」)は、一部は菩提寺《ぼだいじ》名義に、また他の一部は親類名義になっていて、彼らには土倉の利益に応じて配当をおこなってきた。ところがこの土倉の「蔵預」を伯父の円憲に任せていたところ、円憲は多年にわたって決算報告をおこなってこなかったばかりか、近ごろでは資本金を取り崩しているといううわさまで聞こえてきた。半信半疑のままでいても埒《らち》が明かないので、強く迫って決算させたところ、はたして二千余貫文もの穴を開けていることが発覚した。そういえば近年、円憲は錦小路《にしきこうじ》油小路《あぶらこうじ》に自分の土倉を開業したのだが、二千余貫文はおそらく円憲が着服してこの土倉の開業資金に流用したのだろう。ついては円憲にたいし、この土倉を処分して二千余貫文の損失を弁償するようご命令いただきたい——。多少意訳したところもあるが、以上が祐言の訴状の内容である。

これにたいし、円憲は次のように反論した。「たしかに決算の結果、損失が出たことは認めよう。しかし、それは担保価値の高下や資金の貸出によって生じた、あくまでも営業上の損失である。質物の数や借書等を調べてもらえば、不正のないことがわかるはずだ」。

納得できない祐言は、さらに次のように再反論する。「かりに円憲の主張が事実だとしても、『本所』(＝「土倉本主」)である私の資金を勝手に方々に貸し出すとは何事か。また担保価値の高下についても、不相応な担保で多額の貸出をおこなったとすれば、これも許されないことだ。いずれにせよ円憲の主張には正当性が認められない」。

両者の応酬をみて、これがほんとうに中世の裁判なのかと目を疑った読者もおられるだろう。出資と配当という会社組織を髣髴《ほうふつ》とさせる土倉経営の内容もさることながら、後半の争点などはわれわれ現代人にもなじみ深い不良債権問題そのものである。ちなみに適正な融資額とはどの程度なのか。時代は少し下るが、天文《てんぶん》二（一五三三）年に戦国大名《せんごくだいみょう》伊達《だて》氏が定めた「蔵方之掟之事《くらかたのおきてのこと》」（『伊達家文書1』一三五号）は、絹布類なら「見当半分」、武具金物類なら「見当三分一」と規定している。質物が絹布類のばあいには評価額の二分の一、武具金物類のばあいには同じく三分の一が適正な融資額というわけだ。また十七世紀前半の『板倉氏新式目《いたくらししんしきもく》』にも「質物は相当半分に取り置く」とみえ、こちらは質物の種類にかかわりなく、評価額の二分の一を適正額と定めている。大口融資のさいに使われる不動産質については残念ながら手近な史料をみいだせなかったけれども、そこにもこれら動産質と同様、それなりの相場というものが存在したことはまちがいない。

土倉の廃業と預金保護

さて、以上のような祐言・円憲それぞれの主張にたいし、義教《よしのり》はどのような判断を下したのだろうか。じつは、特殊な業界内の争いにはさすがの義教も判断に窮したらしく、通常おこなう評定衆《ひょうじょうしゅう》への諮問に加え、土倉の代表者から

●——土倉（『春日権現験記絵』）

なる納銭方《のうせんかた》一衆にも洛中《らくちゅう》の慣行を尋ねるという異例の手続きをとっている。その結果、評定衆と納銭方一衆は祐言の主張を支持し、円憲は錦小路油小路の土倉を処分して祐言に二千余貫文を弁償すべきこと、また弁償後もし円憲の手もとに残金があったばあいには「合銭《ごうせん》の輩《ともがら》」に配分すべきことを答申し、義教もこの答申どおりの判決を下した。

ここに出てくる耳慣れない言葉、「合銭の輩」とはいったい何のことであろうか。「合銭」についてはすでに百瀬今朝雄が「現在の銀行預金類似のもの、また利殖を目的として、多くは高利貸業者に投資した金を合銭と呼ぶ」と明快に述べている。したがって、「合銭の輩」となれば預金者をさすことになるが、彼らは、まさに今日の銀行預金と同じように土倉に金を預けることによって利息を得ていたのである。中世の土倉は貸出業務に加え、預金業務もおこなっていたわけだから、今日の銀行ときわめて近い存在だったことになろう。

ところで右の事例にみえる「合銭の輩」は祐言と円憲どちらの土倉の預金者だったのだろうか。下坂はこの点を明確には述べていないが、祐言がうけた損害額は二千余貫文なのだから、かりに円憲の土倉がそれ以上の価格で処分できたとしても祐言が二千余貫文を超えて金銭をうけとる理由はない。この「合銭の輩」は円憲の土倉の預金者と考えねばなるまい。したがって円憲の土倉が廃業を命じられたことで一番に損害をこうむるのは彼らである。円憲の土倉が二千余貫文を超える額で処分されれば多少の補償はえられるだろうが、以下ならば預金の全額を失う。まさに中世版ペイオフの世界だ。

ただ、室町幕府が、直接の訴訟当事者でない不特定多数の預金者たちにたいしても一定の配慮をみせていることは注目してよい。たとえそれが不完全なものであったとしても、そこには預金保護という発想の萌芽を認めることができるからである。でもそれはたぶん幕府オリジナルの発想ではなかった。幕府は判決に先だって土倉の代表者たちに洛中の慣行を尋ねているのだから、預金保護の発想もまた、洛中土倉たちの慣習法の世界で培われたものと考えねばなるまい。

二つの経営形態

『御前落居記録』第四九項からは、室町時代における土倉の経営構造も浮かび上がってくる。それによれば、祐言の土倉と円憲の土倉とでは、同時代に併存していながら、異なる経営形態がとられていたことがわかる。それぞれを図示すれば、以下のようになろう（下坂守作成の図を一部修正した）。

〔祐言の土倉（鷹司高倉）〕

顧客←蔵預（円憲）←土倉本主（祐言）←菩提寺
　　　　　　　　　　　　　　　　　　←親類

〔円憲の土倉（錦小路油小路）〕

顧客←土倉（円憲）←合銭の輩
　　　　　　　　　←合銭の輩
　　　　　　　　　←合銭の輩

ここからは二つの対照的な土倉経営のあり方がみえてくる。祐言の土倉は親類やそれに準ずる菩提寺からの大口出資と、そしてたぶん祐言の自己資金とによって運営されていた。こちらは経営のほとんどを血縁者で固めた、いわば一族経営の土倉といえよう。それにたいし、円憲の土倉は、自己資金部分（右の裁判で横領と認定された二千余貫文＋αがこれにあたる）を除けば、「合銭の輩」とよばれる不特定多数の小口預金者によってささえられていた。もちろん「合銭の輩」のなかにも大口預金者がいた可能性は否定できないが、一族を裏切るかたちで開業した円憲にとって、親類からの大口出資はたぶん期待できなかっただろう。そこに彼が「合銭の輩」に依存しなければならなかった必然性があったと思われる。

下坂は後者を新しいタイプの土倉と評価した。その評価自体にはまったく異論がないが、かといって前者のような一族経営の土倉がこのあと姿を消してしまうかというとそうではない。事実、京都の吉田《よしだ》角倉《すみのくら》一族▲や大冨《おおぶ》一族など、大規模経営の土倉には十六世紀になってもむしろ一族経営が多い。大冨家などは八幡《やわた》の土倉森《もり》家とも縁戚関係を媒介とした資本提携を結んでいたことが知られており、資産の流出防止や資金調達の円滑化をはかるためには一族としての結束こそが大事だとする信条は、金融業者のあいだに根強く生きつづけてゆくのである。

●—大冨家と森家（桜井英治「商人の家・職人の家」より）

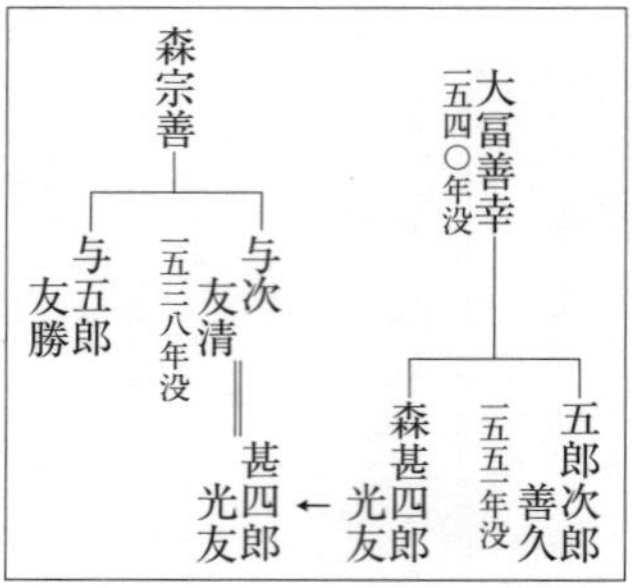

▼吉田角倉一族　京都西郊の嵯峨《さが》を拠点とした土倉・酒屋の一族。朱印船《しゅいんせん》貿易家・水利事業家の角倉了以《りょうい》らを輩出した。

借書の流通

以前、金融業者相互間の貸借を決済するために、彼らのあいだでしばしば顧客の借書がやりとりされていたことを指摘した。とくに直列型のネットワークにおいては、顧客の借書がこのネットワークを上流にさかのぼるかたちで転々流通してゆくことが多かったが、禅能の借書もまさにそのようにして最終的な債権者のもとに運ばれていったわけである。

すでに中田薫も「借銭《しゃくせん》私財」という短編のなかで述べているように、中世には「借銭」(債権)もれっきとした「私財」と考えられており、だから借書の寄進《きしん》や譲渡もごく普通におこなわれた。そうした例は、禅能のケース以外にも多数みいだせるが、以下に二、三紹介してみよう。

応永《おうえい》十一(一四〇四)年をさかのぼること数年前、法涌上人《ほうようしょうにん》という僧が英昭《えいしょう》という別の僧に銭二五貫文を貸した。その後、法涌上人は、自分の死期が近づいていることを悟ったのか、自分が死亡したばあいこの債権は東寺《とうじ》造営のために寄進すると遺言して、英昭の借書を東寺に譲渡した。法涌上人が他界すると、この契約が発効して東寺が英昭にたいする新債権者となったが、英昭はなかなか返済に応じようとしない。そこで東寺は山城国《やましろ》守護《しゅご》に債権取立てを依頼し、依頼をうけた守護は容赦なく英昭を責め立てた。応永十一年十一月、守護の呵《か》責《しゃく》に堪えかねた英昭は、かならず完済するから守護に手を引くよう指示してほしいと東寺に泣きついたが、英昭の一連の文書が今日東寺に伝わっているところをみると、英昭は結局この借金を返済できず、住坊《じゅうぼう》も所領《しょりょう》も失ったとみられる(「東寺百合文書《ひゃくごうもんじょ》」ソ函一二八、他)。このように、武力を有する個人や集団に債権取立てを依頼する行為を当時「寄沙汰《よせ》」とか「付沙汰《つけ》」などともいったが、彼らの厳しい呵責の前に法はどこまで債務者を守りえたのか、ここにも井原説にたいする根本的な疑問が生まれるのである。

ともかく債務者の知らないところで借書が取引され、債権者が次々に変わるとなると、債務者にとってこれほど不安なことはあるまい。これは現行民法では認められていないが、中世にはごく普通におこなわれていた。

もっとも債務者が力関係のうえで債権者よりも優位に立っているようなばあいには債権の譲渡に一定の制限が加わることもあった。たとえば長禄《ちょうろく》元(一四五七)年十二月以前、大乗院門主《だいじょういんもんしゅ》で興福寺別当《こうふくじべっとう》でもあった尋尊《じんそん》▲は、懐尊《かいそん》という

▼**尋尊**　一四三〇〜一五〇八年。興福寺大乗院門主。一条兼良《いちじょうかねよし》の子。厖大な日記『大乗院寺社雑事記』を書き残した。

輩下の僧から米一石を借りた。一方、懐尊自身も宗薫《そうくん》という別の僧から米を借りていて、その債務を決済するために尋尊の借書を宗薫に譲渡した。くりかえし述べたように、これは当時ごく普通におこなわれていたことであり、懐尊もそれが問題になるとはまったく予想していなかったと思われる。ところが宗薫から催促をうけた尋尊は、それがよほど意外だったのか、借書を勝手に譲渡した懐尊を激しく叱責し、懐尊が帯びていた役職を剝奪すると迫った。これには懐尊もいたたまれず、宗薫から借書を取りもどすとともに、尋尊にも丁重な詫状を捧げている(『大乗院寺社雑事記《じしゃぞうじき》』長禄元年十二月五日条、他)。

だが、さすがの尋尊も同じことが二度三度と重なれば、現実をうけいれざるをえなくなった。尋尊は康正《こうしょう》元(一四五五)年十月に他界した常光院主《じょうこういんしゅ》奘懐法印《じょうかいほういん》から銭《ぜに》を借りていたが、長禄二(一四五八)年になって野田東《のだひがし》という人物が尋尊にこの借金の返済を迫ってきた。そのときは尋尊も返済を拒否したらしいが、同四(一四六〇)年になると、今度は津越《つごし》という別人があらわれて尋尊に返済を迫るようになった。そこで尋尊は奘懐の弟子で現在の常光院主である専順《せんじゅん》に事情を尋ねたところ、専順は、たぶん奘懐が生前借書を譲渡したのだろうと答え、みずからの関与についてはこれを否定した(同、長禄四年七月二日条、他)。しかし尋尊は、野田東がはじめてあらわれたのが奘懐の死後三年もたってからであることに不審をいだき、翌寛正《かんしょう》二(一四六一)年十一月、専順こそが真の譲渡者であると断定して、その役職を剝奪した(のち赦免)(同、同月八・十二日条)。

尋尊の推理はたぶん当たっているだろう。専順は師匠の奘懐から尋尊の借書を相続し、その後おそらくは自分の借金を清算するためにその借書を野田東に譲渡した。次いで野田東は、同じく自分の借金を清算するためか、もしくは尋尊からは直接金を取りにくいと考えたか、いずれにせよその借書をさらに津越という別人に譲渡したのである。以上の債権譲渡の過程を整理すると次のようになる。

尋尊→奘懐→専順→野田東→津越

尋尊の借書は途中三人もの手を経て最終債権者津越の手に渡った。さんざん文句をいい、専順にも激しく八つ当たりした尋尊であったが、結局は津越を債権者と認め、寛正三(一四六二)年正月、しぶしぶ津越にたいして返済をおこなっている(同、同月二十七日条)。南都《なんと》仏教界のトップにしてついに借書の流通という現実を容認せざるをえなかったのである。

借書の流通をめぐっては、ほかにもいろいろと興味の尽きない問題がある。たとえば借書はいったいどの程度の値段で売れたのだろうか。良好な債権には高い値が付いただろうし、不良な債権とみれば思いきり買いたたかれただろうぐらいの予想はできるが、そういう情報は史料にもなかなか痕跡をとどめないのが実情だ。尋尊のような超有名人の借書はやはり高く売れたのだろうか、それとも逆に、権力者からは金が取りにくいとの判断が働いて買いたたかれたのだろうか。中世の金融市場が算定した人物評が、もしわかるものなら、ぜひみてみたいものである。それは同時に体制そのものへの評価でもあろうから。

⑤—破産管財の仕組み

正実坊と籾井入道

そろそろ最初の問題にたちもどるべきときが来たようだ。

『御前落居記録《ごぜんらっきょきろく》』第一六項は松梅院禅能《しょうばいいんぜんのう》の申し立てを却け、あらためて禅能に債務の弁済を命じた。その額は元本だけでも中西明重《なかにしみょうじゅう》にたいする五〇八貫四〇〇文と七条円林《しちじょうえんりん》にたいする一〇〇貫文の総額六〇八貫四〇〇文におよんだと思われる。ただし義教《よしのり》は、禅能にはもはや自力で返済する能力はないと判断した。しかし、かといって担保を債権者に引き渡せと命じたわけでもない。義教はそのどちらでもない第三の方法を選択した。それが最後の判決部分で義教が出した「所詮《しょせん》、『越前国社庄《えちぜんのくにやしろのしょう》の年貢《ねんぐ》をもって本利相当のほど知行《ちぎょう》いたし、銭主に沙汰《さた》し渡すべき』の由、正実《しょうじつ》に申し付くべし。次に円林所持の借書《しゃくしょ》分、子細同前」という指示の内容である。

越前国社荘は同国足羽郡《あすわ》に所在した松梅院の所領《しょりょう》である。同荘ははじめ京極《きょうごく》満秀《みつひで》▲の所領であったが、満秀によって北野社《きたのしゃ》に寄進《きしん》された。満秀の寄進状は伝

▼京極満秀　生没年不明。義満の近習《きんじゅう》。飛騨《ひだ》・隠岐《おき》・出雲《いずも》・近江北郡守護京極高詮《たかあきら》の弟。父は高秀《たかひで》。

わらないが、この寄進をうけて足利義満《あしかがよしみつ》が発給した応永《おうえい》五(一三九八)年五月二日付の安堵御判《あんどごはん》は現存しており(『北野神社文書』五三号)、同荘が義満時代に大量集積された松梅院領のひとつであったことがわかる。

この社荘が、もともと禅能が担保に入れていた所領なのか、それとも債務処理のために義教があらたに指定した所領なのかは不明だが、いずれにせよ禅能の債務は社荘の年貢によって処理されることになった。ただし同荘を管理するのは禅能でも債権者でもなく、正実という第三者である。借金が完済されるまでの期間、社荘は一時的に領主である禅能の手を離れ、正実の管理下に置かれる。そして借金はその年貢のなかから正実によって計画的に返済される。つまり正実は、債務者である禅能に代わって債務処理にあたることを期待された、いわば破産管財人に任命されたのである。

正実とは正実坊《ぼう》(房)の略称である。正実坊は代々公方御倉《くぼうおくら》をつとめていた山徒の土倉《どそう》で、右の記事にみえる正実坊は、時期からみて将運《しょううん》という人物に比定される。公方御倉については前にも少し触れたが、正実坊のほか、禅住《ぜんじゅう》坊・定光《じょうこう》坊・定泉《じょうせん》坊など、ほとんどが山徒の土倉によって占められていた。公方御倉は幕府公金の保管・出納を主な業務としていたが、もともとは民間の土倉が幕府の仕事を請け負ったにすぎないから、彼らは一方では民間の土倉と同じように顧客にたいする貸出業務も続けていたし、荘園《しょうえん》の代官《だいかん》なども請け負っていた。永享《えいきょう》四(一四三二)年ごろ定光坊は天王寺《てんのうじ》領摂津《せっつ》国鷺島《さぎしま》荘▲給主職《きゅうしゅしき》をつとめているし(『満済准后日記《まんさいじゅごうにっき》』同年正月二十二日条)、同年五月以前、正実坊は一万《いちまん》部《ぶ》経《きょう》料所《りょうしょ》山城《やましろ》国草内《くさじ》郷▲飯岡《いいおか》所務《しょむ》職をつとめていた(『御前落居奉書《ほうしょ》』七六号)。また、翌永享五(一四三三)年には正実坊と定光坊が兵庫島《ひょうごじま》修築のため幕府から東《とう》大寺《だいじ》領兵庫北関《きたぜき》を預け置かれており(「東大寺文書《もんじょ》」同年五月二十八日室町幕府奉行《ぶぎょう》人連署《にんれんしょ》奉書)、時代はやや下るが、宝徳《ほうとく》二(一四五〇)年にも禅住坊が大乗院《だいじょういん》領越前国坪江《つぼえ》郷▲政所《まんどころ》職に補任されている(『経覚私要鈔《きょうがくしようしょう》』同年十月二十八日条)。日ごろから財務に精通しているうえに、荘園の経営・管理にも豊富な経験をもつ彼らは、まさに破産管財人に打ってつけの人材だったといえるだろう。

ついでながら、『御前落居記録』第一六項で幕府から証拠書類の保管を託されていた籾井《もみい》についても触れておこう。彼の俗名《ぞくみょう》ははっきりしないが、法名《ほうみょう》は善《ぜん》照《しょう》といい、備後《びんご》入道《にゅうどう》を名乗っていた(「二尊院文書《にそんいん》」嘉吉《かきつ》三〈一四四三〉年十一月八日

▼摂津国鷺島荘　現大阪市福島《ふくしま》区付近。

▼山城国草内郷　現京都府　京《きょう》田辺《たなべ》市草内《くさうち》付近。

▼越前国坪江郷　現福井県坂井《さかい》市。

籾井備後入道善照代官職請文《うけぶみ》)。じつはこの籾井も代々公方御倉をつとめる家柄であったが、他の公方御倉とくらべるといくつか大きな違いがみられる。まず、他の公方御倉がいずれも山徒であるのにたいし、籾井だけは、名字をもつことからも明らかなように山徒ではなく、俗人であった。また他の公方御倉がもっぱら公金を扱っていたなかで、籾井だけは公金のほか屏風《びょうぶ》・鎧《よろい》・太刀《たち》・扇《おうぎ》などの将軍家御物《しょうぐんけごもつ》類の保管・出納にもたずさわっていた。さらにそのような業務の違いを反映してか、籾井はしばしば御倉奉行ともよばれている。他の公方御倉は、将軍家御物を管理することもなければ、御倉奉行とよばれることもない。明らかに籾井だけが特殊な位置づけを与えられていたわけだが、その彼が裁判資料の保管を託されていたのも、将軍家御物を保管できるような厳重な倉を有していたことによるのかもしれない。ちなみに籾井もしばしば荘園の代官を請け負っており、その点では他の公方御倉と異なるところはなかった。

仲介者による代官請負

公方御倉が一時的に債務者の所領を管理下に置き、債務処理を代行するという破産管財の方法はいったいどこから発想されたものであろうか。

　所領年貢によって債務を処理する方法としてもっとも単純な形態は、債務が完済されるまでのあいだ所領年貢を債権者に引き渡す方法である。具体的にいうと、債務者は債権者を自領の代官職に任じるなどして、債権者に年貢取得権を与える。そして、取得した年貢が債権額に達すれば、債権者は代官職を債務者に返上するのである。

　たとえば山門《さんもん》梶井《かじい》門主《もんしゅ》義承《ぎしょう》は門跡《もんぜき》領近江《おうみ》国甘呂《かんろ》・八坂《はっさか》両荘▲を担保に中西入道明重から多額の借金を重ねていたが、その額がかさんだために応永三十四（一四二七）年、両荘の年貢取得権を中西に引き渡している（『御前落居記録』七一項）。

　また同じころ、梶井門跡に仕えていた富小路《とみのこうじ》任清《にんせい》法印《ほういん》も山城国小泉《こいずみ》御厩《みまや》西院《さいいん》散田方《さんでんかた》▲を一一年の年限を定めて中西に売却しているが、これもやはり借金が原因だろう（同七〇項）。中西明重は当時、京都の冷泉高倉《れいぜいたかくら》や四条《しじょう》高倉に店舗を展開していた著名な酒屋であり（『北野天満宮《てんまんぐう》史料　古文書』六二号）、東寺《とうじ》領丹波《たんば》国大山《おおやま》荘▲の代官をつとめていたことでも知られる。そして彼こそが『御前落居記録』第一六項において松梅院禅能を訴えていた原告の一人にほかならない。

▼**近江国甘呂荘・八坂荘**　現滋賀県彦根《ひこね》市甘呂町・八坂町付近。

▼**山城国小泉御厩西院散田方**　現京都市右京《うきょう》区西院付近。

▼**丹波国大山荘**　現兵庫県篠山《ささやま》市。

▼**代官請**　武士や土倉、禅僧《ぜんそう》などを所領の代官に採用し、毎年一定額の年貢を納める条件で現地の支配を請け負わせた制度。室町時代に広くおこなわれた。

債権者に期限付きで所領の年貢取得権を引き渡す方法は、代官請《だいかんうけ》▲という従来から存在した荘園の収取システムを、債務処理手段として転用したものであり、自力での返済が困難となったときに、おそらくはもっともひんぱんに選択された手段であった。これを図示すれば次のようになる。

債務者

貸付 →　← 所領年貢(返済)

債権者

第二の形態は、債務者が債権者本人でなく、第三者を自領の代官職に任じ、彼に所領年貢の管理とともに債権者への返済事務いっさいを委託する方法である。記憶のよい読者なら、『御前落居記録』第一六項に出てきた光聚院猷秀《こうじゅいんゆうしゅう》のことを覚えておられるだろう。債権者阿弥陀坊《あみだぼう》からの請取状を所持していない理由を問われた松梅院禅能は、「阿弥陀坊に返し渡すのとき、所領を入れ置く。よって光聚院口入《くにゅう》のあいだ、代官職を申し預け、彼の方より返弁の条、請取を執るに及ばず」と答えた。債務処理は光聚院に一任してしまったから、請取状が出されたとしてもそれらは光聚院の手もとにとどめられ、自分のところにまでは届かないという弁明だが、ここにみえる光聚院の役割を、私は前に債務処理代行業者または債務処理請負人とよんだ。しかし将軍義教もそう推定しているように、禅能は阿弥陀坊への返済を実際にはおこなっていない。したがってこの証言には虚偽が含まれていることになるが、かといって、ここに描かれた債務処理方法自体の実在性まで疑う必要はあるまい。なぜなら、これが公方御倉による破産管財方式の直接のモデルであることは疑いないからである。

そこでこの一節を参考にしながら、その手続きを復元してみると、債権者は、債務者に返済能力がないと判断すると、特定の所領を指定して、その年貢で債務処理をおこなうことを債務者に要求する(借金時に担保に入れた所領があれば、その所領が指定されることが多かったと思われる)、債務者がこれをうけいれると、一般には債権者本人がその所領の代官に任じられるが、ここでは債権者本人でなく、第三者が代官に任じられる、そしてその第三者が債務者や債権者に代わって年貢を徴収し、債権者への返済を代行するのである。これを図示すれば次のようになろう。

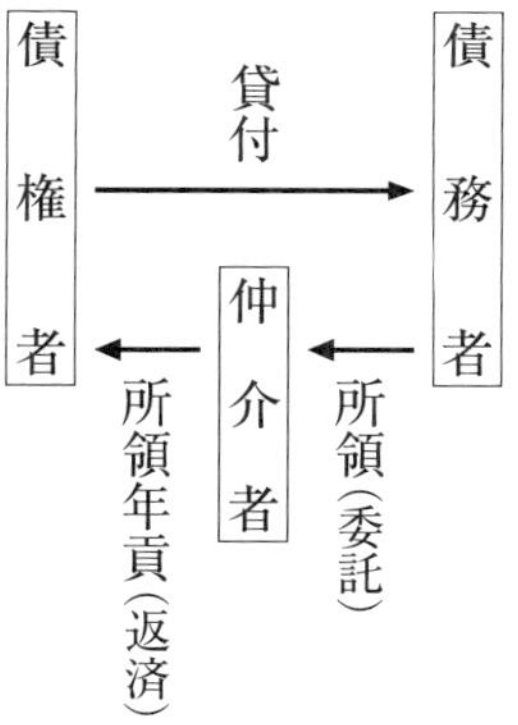

では禅能はなぜこの所領を直接債権者である阿弥陀坊に委ねずに、光聚院という仲介者に預けたのだろうか。禅能自身は、光聚院の「口入」(仲介・斡旋)があったためだと説明している。たしかに阿弥陀坊は山門横川《よかわ》飯室谷《いいむろだに》に住坊《じゅうぼう》を構える山徒であったから、同じ山徒の光聚院が仲介者を買って出たとしても不自然ではない。

この種の仲介者が入りこむ余地としては二つの局面が考えられる。そのひとつは借金時の仲介である。一方に資金を必要としている者がおり、他方に資金をもてあましている者がいる。しかし二人はお互いに面識がない。そのような赤字主体と黒字主体のあいだをとりもつことが、このような仲介者の機能としてまず考えられることである。中世史料にしばしばみえる「伝借《でんしゃく》」とは、おそらくこのような行為をさしているのだろう。そして第二の局面とは返済時の仲介である。たとえば、仲介者が債務者に代わって借金を立て替えるといったケースなどが想定されよう。禅能のいう光聚院の「口入」もこの局面での仲介をさしているようだが、それにしてもずいぶんと手の込んだ話である。所領を直接債権者に引き渡してしまえば手続きは簡略だし、コストとてかかるまい。あえて仲介者を立てたのには、やはりそれなりの理由があったと考えざるをえない。

そこでコストということを考えてみると、たしかに阿弥陀坊にたいする債務だけを処理させるのなら合理的でないかもしれないが、そうではなく、光聚院は禅能がかかえていた複数の債務処理を同時に引き受けていたと考えたらどうだろう。債務者と債権者が一対一でなく、一対多であったとき、いいかえれば債務者が多重債務者であったとき、はじめてこの種の仲介者を介在させることが合理性をもちえたのではなかろうか。『御前落居記録』第一六項の原告も中西明重と七条円林の二人であった。そこに正実坊という仲介者を立てる必然性があったのだろう。

禅能と猷秀

松梅院禅能が多重債務者であったことは、『御前落居記録』第一六項以外にも、応永三十四(一四二七)年時点ですでに一〇〇〇貫文もの債務を背負っていた事実や、正長《しょうちょう》二(一四二九)年八月ごろ松梅院領である河内《かわち》国八ケ所の一部が借金の担保に入っていた事実、また同年十一月に日吉《ひえ》二宮上分物《にのみやじょうぶんもつ》から多額の借金をしているとして山門から告発されている事実等々、多くの徴証から裏づけられるが、そのうちのどこまでに光聚院猷秀が関与していたかは明らかでない。

猷秀と北野社の関係を示す史料としては、応永三十三(一四二六)年五月六日と八日に北野社ではじめて竪義《りゅうぎ》▲がおこなわれたさいに猷秀がその奉行《ぶぎょう》をつとめたという記録があるが(『北野天満宮史料　古記録』二〇三ページ)、禅能との関係がはっきりと確認されるのは、正長元(一四二八)年七月の建部社《たけべしゃ》神主鶴夜叉丸《つるやしゃまる》の訴状が最初である(『北野社家日記7』一六ページ)。同訴状は近江国田上中《たなかみなか》荘▲の返還を求めて禅能を訴えたものだが、そのなかに「去々年より山徒光聚院、北野公文所《くもんじょ》の権勢をもって、謂われなく惣《そう》社領に混じ、押領《おうりょう》せしむ」という一節が出てくる。ところがこの訴訟と時を同じくして、今度は幕府奉公衆《ほうこうしゅう》▲の楢葉満《ならはみつ》

▼**竪義**　学僧の試験のためにおこなわれる問答。及第者には昇進の道が開かれた。

▼**近江国田上中荘**　現滋賀県大《おお》津《つ》市田上地区付近。

▼**奉公衆**　幕府直轄軍。番衆《ばんしゅう》ともよばれた。五番編成で、番頭《ばんとう》の指揮のもと将軍御所《ごしょ》の警固《けいご》や将軍の供奉《ぐぶ》などに従事した。義満時代から義教時代にかけて整備された。

清《きよ》が「光聚院買得の地と号して」同荘に代官を送りこんできた（同五ページ）。ここに建部社禰宜《ねぎ》小野《おの》直行《なおゆき》の訴訟がさらにからんで、禅能自身の言葉を借りれば、「四方相論」（同一八ページ）という複雑な事態に発展するが、一連の記事からみて、光聚院猷秀が同荘の代官であったことはまちがいない。しかも相当なトラブルメーカーであった。にもかかわらず禅能は、鶴夜叉丸にたいする反論のなかでも、楢葉満清にたいする訴状のなかでも、猷秀にたいしては批判がましい言葉をいっさい洩らしていない。そこに猷秀との良好な関係を読み取るべきか、それとも猷秀を批判できない何らかの弱みがあったとみるべきかは判断に迷うところだが、猷秀が代官として乗りこんでくるとなれば、やはり債務処理以外の理由は考えにくいのではあるまいか。その弱みがあったからこそ、目に余る猷秀の行為もかばわねばならなかったのだろう。

なお、鶴夜叉丸の訴状にみえる「去々年」は応永三十三年にあたり、そのころはたしかに「北野公文所（禅能）の権勢」は絶頂にあった。だが、それが猷秀の代官就任の年でもあったとなると、前にも推測したとおり、禅能の転落はやはりその全盛期にすでにはじまっていたことになる。

次に禅能と猷秀の関係が確認できるのが『御前落居記録』第一六項であり、そしてその次が以下にあげる三点の文書である。ちなみに、これらは禅能と猷秀の関係を知ることのできる最後の所見でもある。

（花押影）

一　松梅院禅能知行分加賀《かが》国富墓《とみつか》▲・福田《ふくだ》▲両庄、和泉《いずみ》国坂本《さかもと》庄▲、美作《みまさか》国吉《よし》野《の》・林野《はやしの》両保《ほ》▲等の事、禅能の借物について、下地《したじ》を光聚院雑掌《ざっしょう》に渡さるべきの由候なり。よって執達件《しったつくだん》のごとし。

永享三年
十月八日　貞連《さだつら》
為種《ためたね》

土倉方一衆《いっしゅう》中

（『御前落居奉書』五七号）

（花押影）

一　松梅院禅能知行分山城国池田《いけだ》庄▲の事、禅能の負物《ふもつ》について、彼の年貢、光聚院雑掌に沙汰し渡さるべきの由候なり。よって執達件のごとし。

永享三年
十月八日　貞連

▼**加賀国富墓荘**　現石川県加賀市冨塚町付近。

▼**加賀国福田荘**　現石川県加賀市大聖寺《だいしょうじ》福田町付近。

▼**和泉国坂本荘**　現大阪府和泉市阪本《さかもと》町付近。

▼**美作国吉野保・林野保**　現岡山県美作市。

▼**山城国池田荘**　現京都府綴喜《つづき》郡内。現在地は不詳。

為種

遊佐《ゆさ》豊後《ぶんご》入道《にゅうどう》殿

（同五八号）

（花押影）

一　松梅院禅能知行分河内国馬伏郷《うまぶせ》▲・同国葛原郷《くずはら》▲の事、禅能の負物について、彼の年貢、光聚院雑掌に沙汰し渡さるべきの由候なり。よって執達件のごとし。

同日　貞連

為種

木沢常陸《きざわひたち》入道殿

（同五九号）

三点とも永享《えいきょう》三（一四三一）年十月八日という同日付で同一の奉行人によって出された室町幕府奉行人連署奉書（厳密にはその控え）である。とくに後二者は、固有名詞部分を除けば完全な同文になっている。また、二点目は山城国池田荘、三点目は河内国馬伏郷・葛原郷に関するものだが、両国とも当時の守護《しゅご》は畠山《はたけやま》

▼河内国馬伏郷　現大阪府門真《かどま》市四宮《しのみや》付近。

▼河内国葛原郷　現大阪府寝屋《ねや》川《がわ》市葛原付近。

▼畠山満家　一三七二～一四三三年。三管領家の一つ畠山家の当主。基国《もとくに》の子。山城・河内・越《えっ》中《ちゅう》・紀伊《きい》の守護。

満家《みついえ》▲であり、充所《あてどころ》の遊佐豊後入道と木沢常陸入道はいずれも満家の被官《ひかん》である。

これにたいし、一点目の文書は後二者と体裁はよく似ているけれども、いくつか大きな違いもみられる。まず列挙されている所領が加賀・和泉・美作と複数の国にまたがっており、充所も守護被官ではなく、「土倉方一衆」となっている。また細かい字句も微妙に違っていて、後二者で「禅能の負物について」とある部分が一点目では「禅能の借物について」となっており、引き渡す物件も後二者は「年貢」であるのにたいし、一点目は「下地」、すなわち土地そのものである。さらにその引き渡しを意味する表現も後二者では「沙汰し渡す」が使われているのに、一点目ではたんに「渡す」となっている。これらは同じ奉行人が同じ日に書いたものだけに、たんなる表記上のゆらぎとはいえず、意図的に書き分けたものと考えざるをえない。

猷秀は救いの神か

さて、以上のわずかな情報から何とか三点の文書を読み解いてみよう。まず後二者からはじめると、最初に問題となるのは充所に書かれた遊佐豊後入道と木沢常陸入道の立場である。このうち遊佐豊後入道は当時、山城国池田荘を含む地域の守護代であったが、木沢常陸入道と河内国とのあいだにはそのような関係は認められない。しかも二点の文書はほとんど同文であるから、二人が異なる立場でこれらの所領に関与していたとも考えにくい。

このようなばあい守護請《しゅごうけ》を想定するのがもっとも自然だろう。守護請とは文字どおり守護が荘園領主にたいして年貢の納入を請け負うシステムだが、具体的には守護が自分の被官のなかから代官を推薦し、その代官が年貢を請け負うのである。この想定にしたがえば、遊佐豊後入道は山城国池田荘の、木沢常陸入道は河内国馬伏郷・葛原郷の代官ということになろう。彼らは毎年決められた額の年貢を松梅院禅能のもとに送り届けていたものと思われる。

ところがこれらの文書によって今後の年貢の送り先は禅能から猷秀に変更された。十月八日という日付からすると、二人の手もとにはこの年の年貢がすでに集積されていたと思われるから、それらを禅能と猷秀のどちらに引き渡すかが当面の問題だったのだろう。これらの文書はそれら永享三(一四三一)年度分の年貢を含めて猷秀に送るよう指示したのである。なお、これらの文書以後も

●─表4　山城国池田荘以下の管理権の変遷

年　　次	年貢	下　地
永享2（1430）年	禅能	守護請
3（　31）年	猷秀	守護請
4（　32）年	猷秀	守護請

守護請自体には変更がなく、遊佐豊後入道と木沢常陸入道が引き続き代官として現地（「下地」）の管理にあたったものと思われる。以上を整理すると表4のようになろう。

これにたいし、一点目の文書はどうだろうか。後二者との比較でいえば、土倉方一衆が遊佐豊後入道や木沢常陸入道と同じ立場にあったと考えることができる。つまり、これらの所領では守護請でなく、土倉方一衆による請負という形態がとられ、「下地」も彼らによって管理されていたのである。ところがこの文書によって「下地」の管理権は彼らの手を離れて猷秀の手に移ることになった。土倉方一衆については諸説あるが、幕府の財源である酒屋役・土倉役の収納を請け負っていた徴税請負人の組織に納銭方《のうせんかた》一衆とよばれるものがあり（六六・六七ページ参照）、両者は同一の組織だろうと私はみている。彼らは京都の主だった土倉のなかから幕府によって指名され、徴税のほか、幕府の金融関連法の通達等にもかかわった（『御前落居奉書』六二・七三号、他）。まさに京都の金融界を代表する一流業者たちである。

その土倉方一衆が禅能の所領を管理するにいたった経緯としては二つのケー

▼大館満信　生没年不明。義教時代初期の将軍申次。永享二(一四三〇)年正月に失脚。

●──表5　加賀国富墓荘以下の管理権の変遷

年　　次	年　　貢	下　　地
永享 2 (1430) 年	土倉方一衆	土倉方一衆
3 (　31) 年	土倉方一衆	土倉方一衆
4 (　32) 年	猷　　秀	猷　　秀

スが想定されよう。ひとつは一衆が禅能の債権者であったばあいであり、禅能が納銭方(酒屋役・土倉役)のなかから借金していたとすれば、この構図ができあがる。類例としては、永享二(一四三〇)年十月に元将軍申次《もうしつぎ》の大館満信《おおだちみつのぶ》▲が納銭方から借り入れた四三五〇貫文が焦げついた結果、満信の所領一一ケ所が一衆に引き渡されたケースがある(同三号)。同様の経緯で禅能の所領が一衆の手に落ちた可能性は十分にあろう。

もうひとつは『御前落居記録』第一六項における公方御倉正実坊と同じく、土倉方一衆も破産管財人として禅能の所領にかかわっていたばあいである。このケースでは年貢の管理は一衆によっておこなわれるものの、その最終的な行き先は、一衆のさらに向こうにいる債権者たちということになる。猷秀の立場についても同様で、禅能の債権者とも破産管財人ともこれまた両様に解釈できる。年貢の行き先についてはまったく言及がないが、素直に考えれば、永享三年度分の年貢までは土倉方一衆が取得し、翌年以後、猷秀に取得権が発生したものと思われる。こちらを整理すると表5のようになろう。

これらの所領の管理権が一衆から猷秀の手に移った経緯についても、以上の組み合わせに応じて何通りかのケースが想定される。まず一衆も猷秀もともに禅能の債権者であったとすれば、同じ所領群が一衆と猷秀それぞれの債権回収のために使いまわされていたと考えられよう。また一衆も猷秀もともに破産管財人であったとすれば、同じ所領群が一衆と猷秀それぞれが担当していた債務処理のために使いまわされていたとも、あるいは一衆担当の債務処理そのものが猷秀に引き継がれたとも両様の解釈が成り立つ。さらには一衆が債権者で猷秀が破産管財人、あるいはその逆のケースも考えられないではないが、ここまで来るとさすがに三点の文書だけでは判断がむずかしくなってくる。

とにかく一連の所領のうち、一点目にみえるのはこれ以前からすでに債務処理にまわされていた所領であり、後二者にみえるのは、今回あらたに債務処理にまわされた所領である。そしていずれの道をたどったにせよ、それらは結局猷秀の手に落ちていった。禅能にとって猷秀はほんとうに救いの神であったのか、この点についても禅能のコメントはいっさい残されていない。

⑥―経営再建は成功したか

その後の禅能

嘉吉《かきつ》元（一四四一）年六月に嘉吉の変がおきて将軍義教《しょうぐんよしのり》が殺害されると、禅能《ぜんのう》は流刑《るけい》先から北野社《きたのしゃ》にもどることを許されたらしく、同三（一四四三）年におこなわれた三年一請会《さんねんいっしょうえ》の神事では久しぶりに幕府との連絡や資金の調達に奔走している（『北野天満宮《てんまんぐう》史料　古記録』二〇四〜二二八ページ）。しかし、禅能が史料にあらわれるのはこの年が最後となった。おそらく禅能は老齢のためにまもなく死去したのだろう。禅能の忌日が八月三日であることだけは、後年の記録からわかっている（『北野社家日記3』延徳《えんとく》三（一四九一）年八月三日条、他）。

当時の松梅院《しょうばいいん》の状況については、永享《えいきょう》十二（一四四〇）年三月に禅能の嫡子禅《ぜん》芸《げい》が社家奉行《しゃけぶぎょう》・将軍家御師《おし》に返り咲いたことを前に触れたが、禅芸の名はその後史料にまったくみえなくなる。死亡したのか廃嫡されたのかさえ不明だが、禅芸の嫡子禅親《ぜんしん》は当時まだ五歳だったため、禅親が成長するまでのあいだ一族とおぼしき禅融《ぜんゆう》という人物が松梅院主《いんしゅ》を代行することになったらしい。嘉吉三

●松梅院系図

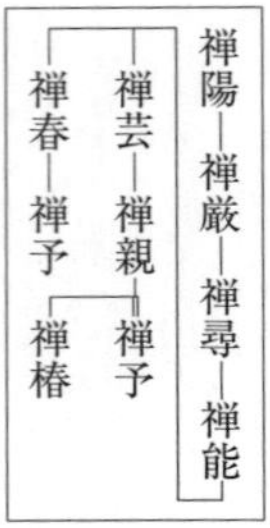

●──表6　松梅院への資金貸出し

貸出年月日	金額
永享12(1440)年12月27日	300貫文
13(　41)年2月13日	100貫文
嘉吉元(　41)年2月18日	30貫文(2月17日改元)
2月22日	100貫文
4月4日	40貫文
8月17日	30貫文

▼加賀国笠間保　現石川県白山《はくさん》市。

年ごろには禅能が一時院主に復帰するものの、禅能の死後はふたたび禅融がこれを代行し、少なくとも文安《ぶんあん》四(一四四七)年ごろまではその任にあった。

　では禅能のあの債務はどうなったのだろうか。このことに直接触れた史料はみあたらないが、宝徳《ほうとく》元(一四四九)年十月に正実坊衡運《しょうじつぼうこううん》(将運《しょううん》の子か)が幕府《ばくふ》に提出した訴状が、あるいはそれを知る手がかりになるかもしれぬ(『北野社家日記1』同年十一月十六日条)。というのも、この訴状によれば、かつてあれほどの債務を背負った松梅院にたいし、正実坊はその後も数回にわたって資金の貸出を続けていたことがわかるからである。正実坊が訴状に添えて提出したリストによれば、その日付と金額は表6のとおりである。

　総額じつに六〇〇貫文にものぼる資金が、それもごく短期間のうちに松梅院に貸し出されていたことがわかる。途中、嘉吉元年二月二十一日(または二十二日)に禅融は一通の契約状をしたためて正実坊に渡しているが、そこには担保である加賀《かが》国笠間《かさまの》保《ほ》▲と逃質《にげじち》(予備の担保)三ケ所を債務額に達するまで正実坊に引き渡す旨が記されていた。要するに、所領《しょりょう》の年貢取得権を期限付きで債権者に引き渡すという、前章で紹介したあの債務処理方法である。

あらためて『御前落居記録《ごぜんらっきょきろく》』第一六項を振り返ると、正実坊は越前国《えちぜん》社荘《やしろのしょう》一ケ所の年貢をもって元本だけでも総額六〇八貫四〇〇文におよぶ債務を処理するよう将軍義教から命じられていた。だが、もしそれに失敗していたとしたら、正実坊がその同じ相手を顧客に選ぶとは考えにくいのではあるまいか。したがって私は、正実坊は比較的短期間のうちにこの債務処理に成功したと推測する。それは正実坊自身の手腕によるところももちろん大きかったであろうが、北野社領がかなり良好な所領群からなっていたことにもよろう。あの北野社領が担保なら債権もたやすく回収できる、そう踏んだからこそ正実坊はふたたび松梅院とかかわる気にもなったのではないか。

徳政の影

しかし今度の六〇〇貫文は以前と同じようなわけにはいかなかった。松梅院側は嘉吉の徳政令《とくせいれい》▲を根拠に、正実坊にいったん引き渡したこれらの所領を差し押さえてしまったのである。先ほどの正実坊衡運の訴状はこれを不服として提出されたものであった。この訴訟の行方については、前後の記録が欠けている

▼**嘉吉の徳政令**　将軍の代替りを機に発生した嘉吉の徳政一揆の要求をうけ、嘉吉元(一四四一)年九月から閏九月にかけて幕府が発布した徳政令。債務破棄のほか、一時は永代《えいたい》売却地の取り戻しも認めたが、これについてはのちに撤回。室町幕府徳政令の先駆けとなった。

▼正長の徳政一揆 正長元(一四二八)年、将軍・天皇の代替りを機に発生した徳政一揆。土倉《どそう》を襲撃して質物や借書を奪い返す、いわゆる私《し》徳政が各地でおこなわれたが、このときは幕府は徳政令を出さなかった。

ために残念ながら知りえないが、松梅院の借金にはしばしば徳政の影がつきまとっていたことも事実だ。永享元(一四二九)年十一月に山門《さんもん》が禅能の借金滞納を告発したさい、山門はあくまで「風聞」としながらも、正長《しょうちょう》の徳政一揆《いっき》▲は禅能がこの借金を踏み倒そうとして引き起こしたと述べている(『北野社家日記7』三五ページ)。私のみるところ、禅能と正長の徳政一揆とのあいだに直接の関係は認められず、これは文字どおり「風聞」にすぎなかったと思われるが、しかし嘉吉の徳政令に関しては、それを利用したことが右の訴訟から明白である。そしてこれ以後、松梅院は借金を重ねては徳政令の適用をうけるということをくりかえすようになる。

禅親や次の禅盛《ぜんじょう》(系譜は不詳。一族か)の代になっても松梅院は相変わらず方々から借金を重ねていたが、その債務は「禅親・禅盛の旧借にいたっては毎度棄破せらる」のごとく徳政令によって破棄された(『北野社家日記1』延徳元〈一四八九〉年九月二十日条)。禅親の子の禅椿《ぜんちん》もやはり多額の借金を背負っていたが、その債務も「彼の借書《しゃくしょ》にいたっては先例に任せて棄破せらる」とある(『北野社家日記7』一一五ページ)。その後の松梅院では徳政令による債務のがれが「毎度」

「先例」といわれるほどに常態化していたのである。

たびかさなる徳政令の利用が債権者との信頼関係を著しくそこねるものであったことは疑いない。十五世紀末になると、返済期限一、二年以内で、しかも当初から担保地の年貢《ねんぐ》で返済することを約した短期借入が主流となるが、悪名高い松梅院が資金を借り入れるにはもはやそのような手段以外ありえなかったのだろう。

中世は優しい時代か

昭和八(一九三三)年に刊行された小早川欣吾『日本担保法史序説』(一九七九年に法政大学出版局より再版)は、不動産を担保とする貸借契約が中世前期から後期にかけてどう変化したかについて次のように記している(傍点小早川)。

> 中世前半に於ける利息に関する形態は後期に入るに従いて頻発される徳政令の影響を受けて、質に於ては目的地上に於て本銭一倍収益後返還の形態と変じ、抵当に於ては、抵当地上に於て本銭一倍収益請求権の発生となっている。この事を言葉を換えて言えば、不動産担保に於て流質又は抵当

流の減少を意味し、不動産に関する絶対的所有権の移転が消滅した事を示すものである。

専門的な用語も含まれていて、にわかには文意をとりにくいと思われるので、若干の注釈を施しておこう。まず、担保には占有質と無占有質の二つの形態があった。占有質とは契約時に担保物件を債権者に引き渡し、その占有下におくものであり、中世には「入質《いれじち》」ともいった。小早川がたんに「質」とよんでいるのがこれである。他方、無占有質とは担保物件の引き渡しをともなわない、いわゆる抵当であり、小早川もそうよんでいる。中世には「差質《さしじち》」「見質《みじち》」などともいった。なお両者の中間的な形態として、土地そのものは引き渡さず、その土地の権利証文だけを引き渡す、いわゆる文書質も中世には広くおこなわれていたが、その実例は本書にもすでに出てきているので確認していただきたい（五九・六〇ページ参照）。

次に「本銭一倍」とは、利息が元本と同額になった状態、すなわち利息一〇〇％に達した状態をいう。中世には一般に「利子一倍法」とよばれている利息制限法があり、「本銭一倍」を超えて利息を徴収することは違法とされていた。では

「本銭一倍」に達したあとの担保物件はどうなるのか。実際の判決等をみると、井原今朝男が強調するように質流れを認めていないケースもあれば、逆に認めているケースもあって一様ではない。だから、井原のように前者を中世社会の原則とまでみてよいかどうかは、実態からみるかぎりなお微妙である。だが小早川によれば、そもそもこのような質流れが問題となるのは主に中世前期であって、中世後期になると質流れ自体を発生させないような貸借契約が普及してくるのだという。

その中味については、じつは本書のなかでももう何度もみているのだが、小早川の文章に沿っていま一度整理しておくと、まず占有質のばあい、債権者は貸借契約後ただちに担保地からの年貢取得を開始し、その額が「本銭一倍」に達すれば、その担保地を債務者に返還する。それが「目的地上に於て本銭一倍収益後返還の形態」の内容である。一方、抵当のばあいには、債務不履行が発生した時点ではじめて債権者は担保地の年貢を「本銭一倍」に達するまで取得することを債務者に要求できた。「本銭一倍収益請求権の発生」とはそういう意味である。ちなみに中田薫は前者を元利消却質、後者を収益抵当(および消却抵当)

▼収益抵当・消却抵当　収益抵当は、具体的な返済方法には言及せず、たんに期日までに返済することだけを約したもの。これにたいし、借書のなかには返済を担保地の年貢でおこなうことを明記したものもあり、中田はこれを収益抵当と区別して消却抵当とよんだ。いずれも債務不履行発生後に担保地の年貢を債権者に引き渡す点では変わりがない。

とよんでおり、やはりそれらが中世後期に流布することを指摘している。

ともかく貸借契約後か、債務不履行発生後かという開始時期の違いはあるものの、いずれのばあいも債務者は担保地の年貢等を債権者に取得させることで債務を消却しえたので、たしかにここでは質流れ、抵当流れが問題になることはありえない。結果的に「不動産に関する絶対的所有権の移転」はおこりにくくなるわけだ。すでにお気づきのとおり、本書で取り上げた松梅院の貸借契約もほとんどがこれらの方法に拠っており、とりわけ十五世紀末に前者が主流になることは先ほど述べたとおりである。したがって債務者たちが所領喪失を免れたのは、あらたに考案されたこれらの方法の恩恵であって、「質流れにたいする社会的制約」が存在したからではない。これからも長く金融業者と付き合っていかねばならない彼らは、一度運用すれば二度と貸し手があらわれなくなるような古い慣習法にすがるわけにはいかなかったのである。

ただし一片の耕地しかもたないような零細な債務者になれば話は別である。その耕地を債権者に引き渡してしまったら、あとに何も残らないような真の困窮者を、これらの方法は救うことができない。かといって、「質流れにたいする社会的制約」がただちにその任務を代行しえたと考えるのも楽観的にすぎよう。月利五%、年利六〇%前後という、現代のヤミ金融業者などにくらべればはるかに低い金利が維持されていた中世社会にも、闇の部分はまちがいなく存在した。徳政令や徳政一揆はそうした中世の暗部をどこまで掬《すく》い上げていたのか、われわれはまたしても「徳政」の問題と向き合わねばならないようだ。

●——**写真所蔵・提供者一覧**（敬称略，五十音順）

石山寺　　p. 38
和泉市久保惣記念美術館　　カバー裏
石清水八幡宮・佐藤英世（撮影）　　p. 25
延暦寺・滋賀県東京観光物産情報センター　　p. 51
宮内庁三の丸尚蔵館　　p. 67
筑波大学附属図書館　　扉
東京大学法学部法制史資料室　　p. 7
福岡市美術館（松永コレクション）・山崎信一（撮影）　　カバー表
米沢市（上杉博物館）　　p. 41

桜井英治「借書の流通」小野正敏・五味文彦・萩原三雄編『考古学と中世史研究2　モノとココロの資料学―中世史料論の新段階―』高志書院, 2005年
品治重忠「替米について」『東京都立大学法学会雑誌』44巻1号, 2003年
清水克行「正長の徳政一揆と山門・北野社相論」『歴史学研究』771号, 2003年(清水『室町社会の騒擾と秩序』吉川弘文館, 2004年に再録)
下坂守「山門使節制度の成立と展開」『史林』58巻1号, 1975年(下坂『中世寺院社会の研究』思文閣出版, 2001年に再録)
下坂守「中世土倉論」日本史研究会史料研究部会編『中世日本の歴史像』創元社, 1978年(下坂前掲書に再録)
竹内秀雄「中世に於ける北野宮寺領」『国史学』65号, 1951年
竹内秀雄『天満宮』吉川弘文館, 1968年(新装版1996年)
中島圭一「中世京都における土倉業の成立」『史学雑誌』101編3号, 1992年
永島福太郎『中世畿内における都市の発達』思文閣出版, 2004年
中田薫「日本中世の不動産質」『国家学会雑誌』31巻3～6号, 1917年(中田『法制史論集』2, 岩波書店, 1938年に再録)
中田薫「借銭私財」中田『法制史論集』3下, 岩波書店, 1943年
中西裕樹「戦国期・延徳年間における小畠氏の動向―『北野社家日記』を通じて―」『丹波』3号, 2001年
鍋田英水子「中世後期『北野社』神社組織における『一社』」『武蔵大学人文学会雑誌』29巻1・2号, 1997年
新田英治「室町時代の公家領における代官請負に関する一考察」寶月圭吾先生還暦記念会編『日本社会経済史研究　中世編』吉川弘文館, 1967年
三枝暁子「戦国期北野社の闕所」勝俣鎮夫編『寺院・検断・徳政―戦国時代の寺院史料を読む―』山川出版社, 2004年
村尾元忠「足利義持の神仏依存傾向」安田元久先生退任記念論集刊行委員会編『中世日本の諸相』下, 吉川弘文館, 1989年
百瀬今朝雄「文明十二年徳政禁制に関する一考察」『史学雑誌』66編4号, 1957年
山家浩樹「御内書引付素描―伊勢氏の一側面―」研究代表者桑山浩然『室町幕府関係引付史料の研究』(昭和63年度科学研究費補助金一般研究(B)研究成果報告書)1989年

●──参考文献

史料集

『室町幕府引付史料集成』上, 桑山浩然校訂, 近藤出版社, 1980年

『史料纂集　北野社家日記』1 ～6, 竹内秀雄校訂, 続群書類従完成会, 1972～73年

『史料纂集　北野社家日記』7, 山田雄司校訂, 続群書類従完成会, 2001年

『史料纂集　北野神社文書』田沼睦校訂, 続群書類従完成会, 1997年

『北野天満宮史料　古文書』北野天満宮史料刊行会編, 北野天満宮, 1978年

『北野天満宮史料　古記録』北野天満宮史料刊行会編, 北野天満宮, 1980年

『大日本古記録　建内記』1 ～10, 東京大学史料編纂所編, 岩波書店, 1963～86年

『続群書類従　補遺1　満済准后日記』上・下, 続群書類従完成会, 1928・34年

『続群書類従　補遺2　看聞御記』上・下, 続群書類従完成会, 1930年

『増補　続史料大成　大乗院寺社雑事記』1 ～12, 臨川書店, 1978年

著書・論文

井原今朝男「中世借用状の成立と質券之法—中世債務史の一考察—」『史学雑誌』111編 1 号, 2002年

太田順三「永享の山門騒乱とその背景」『佐賀大学教養部研究紀要』11巻, 1979年

小野晃嗣「北野麹座に就きて」『国史学』11号, 1932年(小野『日本中世商業史の研究』法政大学出版局, 1989年に再録)

桑山浩然「室町幕府経済機構の一考察—納銭方・公方御倉の機能と成立—」『史学雑誌』73編 9 号, 1964年

小泉恵子「松梅院禅能の失脚と北野社御師職」『遥かなる中世』8 号, 1987年

小早川欣吾『日本担保法史序説』法政大学出版局, 1979年

桜井英治「商人の家・職人の家」『朝日百科日本の歴史別冊　歴史を読みなおす13　家・村・領主—中世から近世へ—』朝日新聞社, 1994年

桜井英治「職人・商人の組織」『岩波講座日本通史10　中世 4 』岩波書店, 1994年(桜井『日本中世の経済構造』岩波書店, 1996年に再録)

桜井英治『日本の歴史12　室町人の精神』講談社, 2001年

桜井英治・中西聡編『新体系日本史12　流通経済史』山川出版社, 2002年

日本史リブレット27
破産者《はさんしゃ》たちの中世《ちゅうせい》
2005年7月25日　1版1刷　発行
2019年11月30日　1版4刷　発行
著者：桜《さくら》井《い》英治《えいじ》
発行者：野澤伸平
発行所：株式会社 山川出版社
〒101－0047　東京都千代田区内神田1－13－13
電話　03(3293)8131(営業)
03(3293)8135(編集)
https://www.yamakawa.co.jp/
振替　00120-9-43993
印刷所：明和印刷株式会社
製本所：株式会社 ブロケード
装幀：菊地信義
Printed in Japan ISBN 978-4-634-54270-9

日本史リブレット 第Ⅰ期［68巻］・第Ⅱ期［33巻］ 全101巻

1 旧石器時代の社会と文化
2 縄文の豊かさと限界
3 弥生の村
4 古墳とその時代
5 大王と地方豪族
6 藤原京の形成
7 古代都市平城京の世界
8 古代の地方官衙と社会
9 漢字文化の成り立ちと展開
10 平安京の暮らしと行政
11 蝦夷の地と古代国家
12 受領と地方社会
13 出雲国風土記と古代遺跡
14 東アジア世界と古代の日本
15 地下から出土した文字
16 古代・中世の女性と仏教
17 古代寺院の成立と展開
18 都市平泉の遺産
19 中世に国家はあったか
20 中世の家と性
21 武家の古都、鎌倉
22 中世の天皇観
23 環境歴史学とはなにか
24 武士と荘園支配
25 中世のみちと都市
26 戦国時代、村と町のかたち
27 破産者たちの中世
28 境界をまたぐ人びと
29 石造物が語る中世職能集団
30 中世の日記の世界
31 板碑と石塔の祈り
32 中世の神と仏
33 中世社会と現代
34 秀吉の朝鮮侵略
35 町屋と町並み
36 江戸幕府と朝廷
37 キリシタン禁制と民衆の宗教
38 慶安の触書は出されたか
39 近世村人のライフサイクル
40 都市大坂と非人
41 対馬からみた日朝関係
42 琉球の王権とグスク
43 琉球と日本・中国
44 描かれた近世都市
45 武家奉公人と労働社会
46 天文方と陰陽道
47 海の道、川の道
48 近世の三大改革
49 八州廻りと博徒
50 アイヌ民族の軌跡
51 錦絵を読む
52 草山の語る近世
53 21世紀の「江戸」
54 近代歌謡の軌跡
55 日本近代漫画の誕生
56 海を渡った日本人
57 近代日本とアイヌ社会
58 スポーツと政治
59 近代化の旗手、鉄道
60 情報化と国家・企業
61 民衆宗教と国家神道
62 日本社会保険の成立
63 歴史としての環境問題
64 近代日本の海外学術調査
65 戦争と知識人
66 現代日本と沖縄
67 新安保体制下の日米関係
68 戦後補償から考える日本とアジア
69 遺跡からみた古代の駅家
70 古代の日本と加耶
71 飛鳥の宮と寺
72 古代東国の石碑
73 律令制とはなにか
74 正倉院宝物の世界
75 日宋貿易と「硫黄の道」
76 荘園絵図が語る古代・中世
77 対馬と海峡の中世史
78 中世の書物と学問
79 史料としての猫絵
80 寺社と芸能の中世
81 一揆の世界と法
82 戦国時代の天皇
83 日本史のなかの戦国時代
84 兵と農の分離
85 江戸時代のお触れ
86 江戸時代の神社
87 大名屋敷と江戸遺跡
88 近世商人と市場
89 近世鉱山をささえた人びと
90 「資源繁殖の時代」と日本の漁業
91 江戸の浄瑠璃文化
92 江戸時代の老いと看取り
93 近世の淀川治水
94 日本民俗学の開拓者たち
95 軍用地と都市・民衆
96 感染症の近代史
97 陵墓と文化財の近代
98 徳富蘇峰と大日本言論報国会
99 労働力動員と強制連行
100 科学技術政策
101 占領・復興期の日米関係